Christine Collins-Gerlach
Alles geht, nur die Frösche hüpfen.

Christine Collins-Gerlach
Alles geht, nur die Frösche hüpfen.
Von den Billen und Unbillen im Leben einer Rollstuhlfahrerin

Bibliografische Information Der Deutschen Bibliothek
Die Deutsche Bibliothek verzeichnet diese Publikation
in der Deutschen Nationalbibliografie;
detaillierte bibliografische Daten sind im Internet über
http://dnb.ddb.de abrufbar.

Bibliographic information published by
Die Deutsche Bibliothek
Die Deutsche Bibliothek lists this publication in the
Deutsche Nationalbibliografie;
detailed bibliographic data
are available in the Internet at http://dnb.ddb.de.

Christine Collins-Gerlach – Alles geht, nur die Frösche hüpfen.
ISBN 3-86516-452-8
© Copyright 2005. Alle Rechte beim Autor.
Printed in Germany 2005

Herstellung:
Mein Buch
Wir veröffentlichen Ihr Buch
Lokstedter Steindamm 35
22529 Hamburg
Freecall 0800-6 34 62 82
www.MeinBu.ch

Inhaltsverzeichnis

Das bin ich 7
    Meine Kindheit 8
    Meine Jugend 14
    Muss ich jetzt erwachsen werden? 19
    Ich, die Sanguinikerin 28
    Das Püppchen-Syndrom 31
    Wie ich mir etwas merke 32

Die Billen 37
    Mein Kind 38
    Mein Mann 62
    Die Arge 80
    Australien 99

Die Unbillen 115
    Physische Barrieren 115
    Barrieren in den Köpfen 126
    Muss ich denn immer nur kämpfen? 133

Zu guter Letzt 145

Für meine zwei Männer
ohne die ich gar keinen Grund gehabt hätte
dieses Buch zu schreiben

Das bin ich

Sei ein Sonnenkind durchs ganze Leben,

denn nur wer Sonne hat, kann Sonne geben.

Diesen Spruch hat mir meine Mama in mein Poesiealbum auf die erste Seite geschrieben und man kann ihn durchaus als mein Lebensmotto bezeichnen.

Auch wenn das nach außen hin dem einen oder anderen unglaubhaft erscheinen mag – schließlich und endlich sitze ich im Rollstuhl, weil ich nicht mehr laufen kann – so ist und bleibt mein Leben doch einfach sonnig. Manchmal verzieht meine Sonne sich hinter dunkle Wolken, aber das macht die echte ja auch. Und bis jetzt sind sie noch immer wieder hervor gekommen, alle beide.

Und seitdem ich jenseits von Gut und Böse bin, zumindest was das Laufen anbelangt, habe ich den Kopf endlich frei für alle möglichen anderen Dinge.
   Deswegen schreibe ich auch dieses Buch, oder besser gesagt

ich quassle es dank meines Spracherkennungsprogrammes in meinen Computer hinein, um all den Menschen Mut zu machen, die glauben, durch eine Krankheit oder eine Behinderung endet alles und nichts geht mehr.

Es geht alles, nur eben anders.

Vieles umständlicher und langsamer, man muss alles gut durchdenken und komplett durchorganisieren, man lernt bitte zu sagen, man lernt zu warten und sich in Geduld zu fassen, bis Hilfe naht – wobei es bestimmt noch ewig dauern wird, bis ich das mit der Geduld auf die Reihe kriege – aber wie gesagt, dann geht alles.

Also auf geht's, hüpfen Sie wie ein Frosch mit mir durch dieses Büchlein und machen Sie sich Ihr eigenes Bild davon, ob nun ein Leben als behinderter Mensch nicht auch, oder vielleicht gerade deshalb, intensiv, interessant und spaßig sein kann.

Meine Kindheit

Ich erblickte vor nunmehr 40 Jahren als zweites von den drei Kindern meiner Eltern das Licht dieser wunderschönen Welt.

Mein Bruder Michael, ein Sonntagskind, ist drei Jahre älter als ich, dann wurde ich an einem Montag geboren und meine Schwester Sonja kam an einem Dienstag wieder drei Jahre später. Eine gewisse Systematik lässt sich da nicht leugnen.

Der Papa hätte die Woche noch gerne voll gemacht, aber der Mama hat es dann doch gereicht.

Sie hat auch immer gesagt, wenn ich als erstes Kind gekommen wäre, hätten sie gleich aufgehört, ich muss schon sehr anstrengend gewesen sein.

Mit dem Laufen hatte ich es offensichtlich schon damals nicht so, krabbeln ging einfach schneller. Und die Mama musste mir sogar auf die Strumpfhosen Lederknie aufnähen, denn wenn es pressierte, war laufen einfach zu langsam.

Im gleichen Tempo ging das mit dem Sprechen. Sehr hoch, sehr schnell und sehr laut.

Absolut nicht zu ignorieren, dieses Kind. Vielleicht zu übersehen, denn ich war schon immer nicht sehr groß, aber auf keinen Fall zu überhören.

Ich hatte auch schon bald begriffen, dass man mit Sprache einiges erreichen kann.

Der Schuss kann natürlich auch nach hinten losgehen, ich durfte zum Beispiel nicht mehr mit zum Ohrenarzt von der Mama, weil ich ihn als »Der Weiße Riese« entlarvt hatte, und das natürlich vor versammelter Mannschaft im Wartezimmer.

Sprache ist ein ganz besonderes Medium, aus dem ich schon immer sehr viel heraus geholt habe.

Wir wohnten damals in einer Siedlung am östlichen Stadtrand von Bamberg.

Das war ein richtiges Paradies für Kinder, es gab Bäume, Felder, Wiesen und sogar einen Bach.

Es wurde allerdings ganz in der Nähe von uns zu dieser Zeit eine vierspurige Schnellstraße gebaut und es war uns Kindern strengstens verboten, über diese Straße hinüber zu gehen. Auf der anderen Seite gab es aber ein Feld mit Kohlrabi, die hatten wir auf unserer Seite nicht.

Wie also dahin kommen?

Na ja, war eigentlich ganz einfach, der Bach floss nämlich auch durch eine große Röhre unter dieser Straße hindurch. Und verboten war nur über die Straße zu gehen, von unten durch war nie die Rede gewesen.

Lecker, die Kohlrabi!

Ja, der Bach und ich, wir hatten ein ganz besonders inniges Verhältnis zueinander.

Einmal haben die älteren Buben ihn gestaut und wollten dann natürlich wissen, wie tief das Staubecken eigentlich war.

Also brauchte man eine mehr oder weniger Freiwillige, eine die sich nicht sehr wehrt, nämlich mich, um sie dort hinein zu stellen. Das Wasser ging mir ungefähr bis zum Bauch. Danach haben sie dann mit einem Zollstock gemessen, wie viel das war.

Hätte man sicherlich auch einfacher machen können, vielleicht gleich den Zollstock hinein halten, wäre aber bestimmt nicht so lustig gewesen.

Als ich dann am Abend heim kam, waren meine Sachen schon lange wieder trocken, ich muss aber ziemlich nach

Bachwasser gerochen haben, denn die Mama wollte mich mitsamt den Klamotten in die Waschmaschine stecken.

»Aber nicht schleudern!«, war dann meine doch etwas beunruhigte Bitte.

Anekdoten dieser Art hat mir meine Mama einige überliefert, aber eine davon ist es wirklich wert, hier zu erscheinen.

Als ich in die zweite Klasse kam, anno 71, hatte das Kultusministerium beschlossen, Sexualkunde in der Grundschule zu unterrichten.

Unsere Lehrerin, die damals auch schon 50 war, musste also in den sauren Apfel beißen und uns Sprösslingen dieses Thema nahe bringen. Das hat sie bestimmt auch sehr einfühlsam getan, die Frau Walter, und ich fand das alles sehr interessant.

Mit meiner abschließenden Frage hatte sie allerdings nicht gerechnet und ich glaube, ich habe auch keine Antwort darauf bekommen.

Sie war nämlich irgendwo wieder typisch für mich:

»Und wie machen's dann die Hühner?«

Meine Kindheit war unbeschwert und schön, so wie es sich für eine Kindheit auch gehört.

Für meine Eltern, die beide den qualifizierten Hauptschulabschluss haben, die Mama war Schneiderin und der Papa Maschinenbautechniker, war die Bildung ihrer Kinder immer sehr wichtig.

Wir sind alle drei aufs Gymnasium gegangen, haben unser Abitur gemacht und dann studiert. Denn die Mama war immer da, wenn wir von der Schule heim gekommen sind. Einen Schlüssel um den Hals haben, um daheim rein zu kommen, das kannten wir nicht einmal.

Und für mich war das immer so wichtig, ich habe schon im Treppenhaus mit dem Erzählen angefangen, denn zu warten, bis ich in der Wohnung war, wäre bei meiner Redseeligkeit eine echte Strafe gewesen.

Eigentlich bin ich ja ein Sandwichkind, also das Mittlere von drei Kindern.

Mein Bruder, der Erstgeborene, hatte die Mama drei jahrelang ganz für sich alleine. Die zwei hatten auch das absolute Verhältnis zueinander, das ist ganz natürlich.

Und meine Schwester, die Jüngste, war so auf den Papa fixiert, dass sie selbst als Baby jeden Nachmittag kurz vor 4 Uhr in Richtung Wohnungstüre robbte, weil er dann von der Arbeit heim kam.

Nicht, dass ich mich vernachlässigt gefühlt hätte, ganz bestimmt nicht, aber irgend eine Bezugsperson braucht der Mensch. Also wählte ich meine Oma und es wird uns nachgesagt, wir seien uns sehr ähnlich.

Die Oma hatte immer irgendwelche coolen Sprüche auf Lager, der Titel dieses Buches stammt übrigens auch von ihr, und schon rein optisch war meine Enkelinnenschaft einfach nicht zu verleugnen.

Zierlich, wepsig und nicht mundtot zu bekommen.

Und ich hatte sie so lange, meine Oma, denn sie ist erst vergangenes Jahr, zwei Wochen vor ihrem 95. Geburtstag gestorben. Sie hatte sich am Abend etwas früher hin gelegt, weil ihr nicht ganz gut war und dann ist sie einfach nicht mehr aufgewacht.

So hatte sie sich das gewünscht und ganz bestimmt auch verdient, nach einem turbulenten, fast hundertjährigen Leben.

Aber noch einmal zurück zum Thema Sandwichkind.

Man sagt unserer Spezies nach, dass wir die Problemkinder sind. Wir haben manchmal psychische Knäckse, weil uns die Bezugspersonen fehlen. Das mag oft so sein – unbestritten – aber bei mir liegt das alles ganz anders.

Und man kann nicht einmal sagen, dass ich in mir selbst ruhe, dazu bin ich zu extrovertiert, habe ständig irgendwelchen Flausen im Kopf, zu deren Verwirklichung ich dann wieder andere Menschen belästigen muss, weil vieles rein technisch von mir alleine einfach nicht zu machen ist.

Aber das ist ein Punkt, über den ich jetzt seitenlang philosophieren könnte, was mich jedoch viel zu weit von meinem eigentlichen Gedanken weg bringen würde.

Sandwichkind – genau.

Schließlich und endlich bin ich diejenige von uns dreien, welche die MS bekommen hat und manchmal denke ich, zum Glück bin es ich und nicht eines meiner Geschwister.

Mein Bruder, der introvertierte, der Professor – was er mittlerweile wirklich ist, Professor der Mathematik – meine Schwester, die schusselige, immer zweifelnde, liebenswerte Person, die ihr Leben in Amerika meistert, nein, nein, lieber ich selbst.

Nicht, dass ich denke, die zwei wären an dem zerbrochen, was mich zu der gemacht hat, die ich heute bin, aber so wie es ist, ist das schon richtig.

Also doch ein Sandwichkind, aber ein physisches, kein psychisches!

Meine Jugend

Nach dem erfolgreichen Absolvieren der Grundschule folgte ich also meinem Bruder auf das musische Gymnasium in Bamberg. Klavierunterricht hatte ich schon seit einem Jahr, für die musische Bildung war definitiv gesorgt.

In der siebten Klasse wollte ich dann unbedingt Geige spielen, also kam zu den zwei Klavieren und der erklecklichen Anzahl an Blockflöten, die sich in unserer Wohnung tummelten, auch noch eine Violine dazu. Erstaunlich, was Eltern alles zu Wege bringen, wenn ihnen der Seelenfrieden ihrer Kinder so am Herzen liegt und wichtiger ist als irgendwelche anderen Selbstverwirklichungsprojekte.

Dabei hatten wir Kinder eigentlichen nie den Eindruck, es würde bei uns irgend etwas fehlen, auch wenn wir uns finanziell nicht im obersten Bereich der Menschheit aufhielten.

Unser erstes Auto war ein NSU-Prinz, wir nannten ihn Floh und viel größer war er auch nicht. Aber wir passten alle fünf hinein und das war die Hauptsache.

Der erste Fernseher kam, als ich elf Jahre alt war. Es war ein Schwarzweiß-Gerät, aber die Sendung mit der Maus brauchte wirklich keine Farbe.

Und der erste Urlaub ging nach Südtirol, eine kaum vorstellbare, irre faszinierende halbe Weltreise für uns Flachlandtiroler, für die Berge, die tatsächlich höher sind als die im Fichtelgebirge, von unten aussahen als würden sie bis in den Himmel reichen.

Später, als wir Kinder dann größer und auch wanderfreudiger waren, gingen unsere Touren natürlich allmählich höher hinauf. Wenn man das erste Mal an einem Gipfelkreuz steht, zu dem man es aus eigener Kraft, mit viel gutem Zureden, aber trotzdem auf den eigenen kleinen Beinen geschafft hat, dann ist das ein Gefühl, das man gar nicht beschreiben kann, das muss man wirklich selbst erlebt haben.

Die Autos wurden größer, erst ein Opel Kadett, dann ein Ford Taunus, und wir Kinder natürlich auch.

Drei Jahre nach mir kam auch meine Schwester auf das E.T.A.Hoffmann-Gymnasium in Bamberg, nun waren wir komplett.

In meiner Klasse waren von Anfang an nur sechs Knaben, doch in der zehnten Klasse hatte der Direktor endlich Mitleid mit den armen Jungs und wir wurden ein reiner Mädchenhaufen. Wir waren nicht nur berühmt, sondern richtig berüchtigt, und das an allen anderen Gymnasien der Stadt.

Zu unserem ersten Klassenabend hatten wir nur reine Jungsklassen von anderen Schulen eingeladen und das im Abstand von 30 Minuten, so hatten wir alle halbe Stunde frische Opfer. Es muss den Knäblein aber schon gefallen haben, denn sie kamen immer wieder.

Der etwas lockere Schul-Lebenswandel, den einige von uns bis zur 11. Klasse geführt hatten, musste natürlich auch irgendwie bei den Autoritäten der Schule durchgehen. Das heißt im Klartext, die ständig gefälschten Klassenbuch Einträge konnten am Ende des Schuljahres unmöglich erklärt werden. Also mussten die Klassenbücher verschwinden.

Am feierlichsten zelebrierten wir das auf unserer Klassenfahrt in Südfrankreich. Jede von uns bekam ein paar Seiten, die sie dann selbständig entsorgen durfte.

Ich hatte meine in lauter kleine Schnipsel zerrissen und bei Saint Marie de la Mer vom Wind ins Mittelmeer wehen lassen. Fast kitschig, aber selbst der Schreiber eines Schnulzenromanes hätte sich das nicht schöner ausdenken können.

Mit Beginn der Kollegstufe hörte die Schwänzerei dann auch allmählich auf, allerdings entflammte sie wieder ein bisschen, als wir volljährig wurden. Schließlich musste man das auch erst einmal genießen, dass man jetzt seine Entschuldigungen selbst unterschreiben durfte. Und die meisten von uns waren schon vernünftig genug, ans Abitur zu denken, das man bekanntlich umso besser schafft, umso mehr man auch in seine Kurse geht.

Meine Leistungskurse waren Musik und Englisch, da fiel es mir ohnehin ganz leicht, regelmäßig anwesend zu sein.

Von uns drei Geschwistern war ich die einzig Sportliche.

Ich war ein richtiges Skihaserl, meine Freundin und ich fuhren im Winter fast jeden Sonntag mit dem Skibus ins Fichtelgebirge und in den Osterferien ging es zu Skifreizeiten in die Alpen.

Einmal waren wir am Kitzsteinhorn und es war schon etwas ganz besonderes, auf einem Gletscher Ski zu laufen. Mit Jethose und Bikinioberteil, das war klasse, nur in den Schnee fallen durfte man nicht, das hätte dann doch nicht mehr so ganz profihaft gewirkt und wäre bestimmt auch ziemlich unangenehm gewesen.

Der Größten eine war ich nun wirklich noch nie gewesen, selbst die Mindestgröße für Stewardessen von 1 Meter 60 habe ich um zwei Zentimeter verpasst. Was mich aber nicht daran gehindert hat, mit Begeisterung Basketball zu spielen. Ich hatte es in der DJK Don Bosco, einem der Bamberger Sportvereine, sogar bis zur A-Jugend gebracht. Ich wurde in unseren Spielen gerne als Joker eingesetzt. Klein, schnell und wendig wie ich war, schaffte ich locker zwei oder drei Körbe, bis die anderen das gecheckt hatten und mich ausbremsten. Dann wurde ich eben wieder ausgewechselt, aber meine sechs Punkte hatte ich geholt.

Ja, und einen ganz wichtigen Begleiter meiner Jugend muss ich hier auf alle Fälle erwähnen, meinen Roller.

Mein Papa war in seiner Sturm- und Drangzeit Rollerfahrer gewesen und von ihm hatte ich das Vespa Gen geerbt.

Mein Roller und ich, wir waren das absolute Team.

Ich hatte vier Wochen lang im Supermarkt gejobbt, um das Geld für ihn zu haben und dann mussten wir auch noch zwei Wochen in wilder Ehe zusammen leben, bis ich meinen Führerschein bekam. Aber dann, dann konnte uns nichts mehr aufhalten.

In unserem ersten Sommer gab es auch noch keine Helmpflicht, also war ich grundsätzlich mit Sonnenbrille, Minirock und Ballerina Schühchen unterwegs.

Einmal bat mich der Kumpel einer meiner Freundinnen, der sich schon nahe am Rande der Verzweiflung befand, ich solle doch aufhören, den Männern die Hälse zu Korkenziehern zu verdrehen. War auch bestimmt keine Absicht von mir, aber schick war es schon, ab und an ein paar begehrliche Blicke auf sich zu spüren.

Ich war schon ein rechter Feger, ich wechselte auch öfters mal den Freund, man muss schließlich schon ein bisschen herum sondieren, damit man auch weiß, was man nicht haben möchte.

Muss ich jetzt erwachsen werden?

Kurz vor meinem 18. Geburtstag ging es dann los.

Ich spürte plötzlich ein Kribbeln in der rechten Hand, das langsam stärker wurde, sodass ich meine Hand bald nicht mehr richtig gebrauchen konnte. Von meiner Hausärztin wurde das als Durchblutungsstörung gesehen und ich musste Moorbäder für die Hand machen. Aber die halfen gar nicht.

Zum Glück eröffnete zu dieser Zeit in unserer Nähe ein Internist seine Praxis und ich ging mit meinem Problem zu ihm. Er schickte mich gleich zum Neurologen und der wiederum postwendend nach Würzburg in die Universitätsklinik. Nach einem VEP, das ist das Schachbrett Muster auf einem Monitor, bei dem man immer auf einen Punkt in der Mitte schauen muss, während es hin und her springt und einer Lumbalpunktion, der Entnahme von Nervenwasser aus dem Rückenmarkskanal, wurde dann sehr schnell eine Diagnose erstellt.

MS – multiple Sklerose. Unheilbar!

Nun mag man meinen, ach Gott, so jung, aber eigentlich bin ich im nachhinein recht froh darüber, dass ich noch so jung war.

Ich wusste damals über die MS noch gar nichts, ich wurde auch von keinem Arzt oder von sonst irgend jemandem großartig aufgeklärt, was diese Krankheit so alles mit sich bringen kann und das war auch gut so.

Hätte ich da am Anfang meiner MS Karriere eine Ahnung davon gehabt, wo der Weg mich hin führt, ich wäre ihn sicherlich anders gegangen oder vielleicht gar nicht, wer weiß das schon. Auf alle Fälle hätte ich viele der Sachen, die ich mit ganzem Herzen gemacht habe, nicht unternommen.

Und was hätte ich da verpasst!

Natürlich war der erste Schock ganz schön groß, aber mein damaliger Freund, der auch noch gerade in der Ausbildung bei der Bereitschaftspolizei in Würzburg steckte, war da für mich, hielt mich fest und hatte genug Taschentücher dabei, in die der erste schlimme Tränenstrom hinein fließen konnte.

Und nach zwei Wochen Kortison, die man damals noch in Tablettenform einnehmen musste, war alles wieder in Ordnung.

Kein Kribbeln mehr und die Hand war wieder völlig normal zu gebrauchen.

War ich jetzt wieder gesund?

Aber der Arzt hatte mir doch gesagt, MS sei lebensbegleitend. Ach, was soll's, schließlich ist alles wieder okay, also kann ich doch genauso weitermachen wie bisher.

Was kein bisschen negativ gemeint ist, denn mein Leben war bis dahin einfach schön gewesen, das konnte ruhig so weitergehen.

Und sich bei einem Schub ein wenig zurückzuhalten, das war nun überhaupt kein Problem.

Man muss nämlich einfach die Vorteile der ganzen Sache sehen können und da gibt es tatsächlich welche. Die Klausuren zum Beispiel, die ich wegen meiner

Krankenhausaufenthalte nachschreiben musste, waren locker zu schaffen, auch ohne dafür viel zu büffeln. Denn in der Klinik hatte ich zum Lernen ohnehin keine Zeit, ich setzte mich lieber in ein paar Vorlesungen oder schaute ausgiebig in die Glotze irgend einer Mitpatientin.

Ich begann zu dieser Zeit auch mich ein bisschen mit der MS auseinander zu setzen, aber wirklich nur ein bisschen. Wozu auch, mir ging es doch prima.
Ich MS, ach wo denn!
Aber bei jedem Schub blieb ein bisschen hängen. Ich konnte nicht mehr hüpfen, irgendwann auch nicht mehr rennen, aber so irre notwendig ist das ja eigentlich auch gar nicht. Damals lernte ich dann jedoch etwas für mich sehr Wichtiges. Wenn man eine Fähigkeit verloren hat und sich nicht damit auseinander setzt, sondern es einfach verdrängt, weil das ja wesentlich weniger Kraft kostet, dann beginnt man, davon zu träumen. Dieser Traum, in dem ich über eine duftende, blühende Wiese sprang und dabei so viel Glück empfand, kam immer wieder.

Also gut, dann war es jetzt an der Zeit, mit den verlorenen Gütern auf gleich zu kommen. Die Möglichkeit, Geschwindigkeit wieder neu zu erlernen, schied von vornherein wegen meiner Grunderkrankung aus. Also, Weg Nr. 2, wir finden einen Ersatz.
Und nichts geht in unserer Welt leichter, als schnell zu sein. Ich schloss mich also der Motorradclique einer Freundin an, und das Tempo dort war genau nach meinem Geschmack. Ich

war auch bei den Jungs eine heiß begehrte Sozia, anschmiegsam, wendig und absolut unerschrocken. Und der Traum von der Wiese kam auch nicht mehr, also hatte ich es richtig gemacht.

Man muss das mit dem Kompensieren aber schon gut dosieren, denn wenn man alles nur ersetzt, dann kann das sehr leicht ins Gegenteil umkippen und dann ist man eigentlich nur noch faul. Also ist Selbstdisziplin gefragt und zwar enorm.

Mein Gangbild wirkte mit der Zeit wohl auch nicht mehr sehr damenhaft sondern eher etwas schlampig, aber damit konnte ich leben.

Fast bedrohlich wurde meine langsame Gehweise nur wenn ich eine befahrene Straße überqueren wollte. Die nächste Fußgängerampel, bei der ich zumindest sicher gewesen wäre, war ein paar 100 Meter weit weg. Es hätte mich viel Kraft gekostet, diesen Umweg zu laufen, also, lieber eine Lücke im Straßenverkehr abwarten die groß genug war, um unbeschadet über die Straße zu kommen. Und das alles unter den Blicken einiger Passanten, bei denen man genau sehen konnte, was sie dachten. Die hat aber die Ruhe weg, ein bisschen schneller könnte auch nicht schaden! Manchmal hätte ich mir gerne ein Schild umgehängt, auf dem »Ich kann nicht schneller« gestanden hätte. Aber ob das was genutzt hätte, ich bezweifle es.

Eigentlich wollte ich Medizin studieren, aber nachdem die Diagnose ja noch vor dem Abitur kam, bin ich dann auf mein zweites Steckenpferd umgestiegen, Lehramt für die Fächer Musik und Englisch an der Realschule. War auch besser so, denn eine Ärztin, die nicht einmal mehr eine Spritze aufziehen kann, bringt es nicht besonders. Aber selbst im Rollstuhl sitzend kann man ganz gut Klavierunterricht oder Englischnachhilfe geben.

Wenn ich jetzt ganz ehrlich bin, dann muss ich zugeben, dass ich mich am Anfang meiner Krankheit so nicht gesehen habe. Eigentlich habe ich überhaupt nicht viel in die Zukunft hinein gedacht. Lieber jeden Tag genießen, so wie er ist. Wenn einmal ein grauer dabei ist, der geht auch zu Ende und dann kommt wieder ein neuer, der ganz anders aussieht.

So studierte ich also mehr oder weniger unbeschwert vor mich hin, jobbte in den Semesterferien bei der Firma Bosch, dank der Hilfe meines Vaters immer in sitzender Position, und beendete nach zehn Semestern mein Studium mit dem ersten Staatsexamen.

Sehr praktisch war es natürlich, dass ich in Bamberg studieren konnte. Das heißt im Klartext, Zuhause wohnen, Zuhause essen und mit dem Geld, das andere Studenten für ihren Lebensunterhalt brauchen, in den Ferien ungeniert in Urlaub fahren.

Meine Studienzeit war wunderschön, trotz einiger Schübe und Krankenhausaufenthalte.

Ich habe während dieser Zeit einiges von unserer herrlichen Welt gesehen, das gehört zum Studieren einfach dazu, dass man ab und an auch mal im Ausland bummelt.

Und ganz außerdem musste ich meine Englischkenntnisse

ja auch in der Praxis anwenden. Ja, ja, selten um eine Ausrede verlegen, die Kleine!

Nun aber wieder zurück zum Ernst des Lebens.

Um zum Referendariat zugelassen zu werden, musste ich zum Amtsarzt, der mir dann eröffnete, dass ich als chronisch Kranke in Bayern nie verbeamtet werden würde.

Das war schon ein Dämpfer, aber als sanguinisch veranlagter Mensch dachte ich mir, es wird sich schon irgend etwas finden lassen, das ich mit einem Lehramtstudium anfangen könnte.

War dann auch so, ich unterrichtete musikalische Früherziehung an der Volkshochschule und der Städtischen Musikschule in Bamberg.

Mit der Zeit fiel es mir dann immer schwerer, die Instrumente und Unterrichtsmaterialien für die Kleinen zu schleppen und ich stellte sukzessive auf Klavierunterricht um.

Irgendwann brauchte ich einen Stock als Gehhilfe, dann einen Rollator und bald ging es eben nur noch im Rollstuhl. Das war aber für die Kids nie ein Problem.

Eine meiner Schülerinnen hatte es perfektioniert, auf dem Rollator sitzend mit viel Schwung eine Pirouette zu drehen, ein Bub, damals acht Jahre alt, kam eines Tages zur Klavierstunde herein, baute sich vor mir auf und hielt mir einen Vortrag, dass es total blöd sei, immer Rollstuhl zu sagen und das Ding heißt jetzt Otto. Damit war der Fall erledigt und Otto war akzeptiert.

Es bedeutete mir sehr viel, wenn einer meiner Schüler ein Stück so spielte, wie ich es getan hätte, wenn meine Hände noch so gewollt hätten wie mein Kopf und mein Musikempfinden, aber wenn man keine andere Möglichkeit hat, dann kann man sich tatsächlich in seinen Schülern verwirklichen. Immerhin haben zwei Mädchen, die aus meinen Händen kommen, Musik studiert und die eine, Susanne Strauss, geht ihren Weg als Pianistin. Zusammen mit dem Kammerorchester der Bamberger Symphoniker hat sie vor zwei Jahren eine CD aufgenommen und herausgebracht, auf die sie stolz sein kann. Und ich bin es auch ein bisschen, denn ich habe den musikalischen Grundstein bei ihr gelegt.

Unlängst hat mich einmal eine junge Frau angerufen, die an der Bamberger Uni Musik studiert und die an Muskelschwund leidet. Ihr erschien es so sinnlos, das Studium fertig zu machen, wo sie doch jetzt schon wusste, dass sie aufgrund ihrer Erkrankung irgendwann nicht mehr richtig würde Klavierspielen können.

Diese Belastung kann ihr niemand abnehmen, aber ich habe ihr erzählt, wie ich mit diesem Problem umgegangen bin und auch heute noch umgehe.

Natürlich fehlt es mir, mit meinen eigenen Händen mein Klavier, meine Geige oder mein Saxofon zum Klingen zu bringen, aber es nützt mir nichts, wenn ich deshalb immer nur traurig bin.

Ich habe für mich einen Weg gefunden, den Verlust meiner Fähigkeit selbst Musik zu machen zu kompensieren.

Kein leichter Weg, das muss ich ehrlich zugeben, aber ist mir denn etwas anderes übrig geblieben?

1997 war der Ofen dann endgültig aus und ich musste schweren Herzens die Rente einreichen.

Wäre mir von Seiten meines Arbeitgebers mehr Verständnis und auch Hilfestellung entgegengebracht worden, dann könnte ich vielleicht heute noch unterrichten.

Man muss nicht selbst spielen können wie ein Meisterpianist, um aus einem jungen Menschen das herauszuholen, was in ihm schlummert. Mit Vorstellungen und Bildern konnte ich den Kindern und Jugendlichen viel besser zeigen, was ein Komponist mit seinem Stück sagen will, als es ihnen vorzuspielen und sie hätten dann meine Interpretation einfach übernommen.

Daran lag es also nicht, dass ich aufgegeben habe.

Es gibt viel subtilere Methoden jemanden spüren zu lassen, dass er nicht mehr erwünscht ist, als es ihm einfach nur zu sagen.

Lehrerkonferenzen im zweiten Stock, natürlich ohne Aufzug, und wenn ich mich dann hinauf gequält hatte, kam ein vielsagender, gespielt überraschter Blick zusammen mit den Worten:

»Hättest halt was gesagt, wir hätten dir doch geholfen!«

Ich hatte damals einfach nicht genug Kraft, um mich darüber hinwegzusetzen und für meinen Beruf zu kämpfen.

Ich war müde und zermürbt, denn es war anstrengend genug für mich, da zu sein und einen guten Unterricht zu halten

– was jeder MS-Betroffene sicherlich nachvollziehen kann – aber mich auch noch gegen unterschwellige Aversionen zur Wehr zu setzen, war zu viel verlangt. Ich konnte nicht mehr.

Nun denken einige Zeitgenossen vielleicht, jetzt ist alles vorbei, wer nicht arbeitet, der zählt auch nicht, aber dem ist ganz und gar nicht so.

Es gibt immer Dinge, die man tun kann, sinnvolle oder weniger sinnige, und das ist etwas, was mir noch nie schwer gefallen ist, mich zu beschäftigen. Und wenn man so wie ich von klein auf mit einer positiven Grundeinstellung behaftet ist, dann macht das die ganze Sache natürlich noch einfacher.

Es gibt da ein paar kluge Sprüche, die sehr gut zu diesem Thema passen. Am besten gefällt mir dieser:

Kopf hoch, wenn der Hals auch dreckig ist.

Das ist für mich nun überhaupt kein Problem, denn meinen Hals sehen von unten nur kleine Kinder und denen ist es total egal, in welchem waschtechnischen Zustand der sich befindet.

Mein Glas ist immer halb voll, niemals halb leer, außer ich habe es gerade umgestoßen und ausgeschüttet, aber das passiert mir zum Glück nicht so oft.

Aber machen Sie sich doch Ihr eigenes Bild von mir!

Ich, die Sanguinikerin

Es gibt nichts Schlechtes, bei dem nicht zumindest ein bisschen Gutes dabei ist.

Sind wir schon wieder bei den Lebensmottos angekommen?
Ich muss zugeben, dass es schon ein paar davon gibt, deren Bedeutung ich mich nicht entziehen kann.
Und ich habe wirklich selten etwas Schlechtes gefunden, dem nicht wenigstens ein kleiner positiver Touch abzugewinnen war.
Das fängt damit an, dass ich es überhaupt nicht schlimm finde, wenn mir der Spinat anbrennt, denn dann brauche ich keine Kartoffeln schälen und die Tiefkühlpizza schmeckt doch so lecker, und es gipfelt darin, dass es mir immer wieder gelingt, die Schokoladenseite meiner Behinderung zu sehen.

Mein Mann und ich waren vor kurzem im Konzert der Sängerin Angelika Milster. Die Künstlerin hat da etwas sehr Kluges gesagt, nämlich dass man seine Karten ruhig ausspielen soll.
Junge Leute können mit der Jugendkarte trumpfen, Ältere dagegen müssen den Rüssel in den Topf stecken, solange noch etwas darin ist.
Damit hat sie vollkommen recht.
Und so gesehen steht mir mein Behinderten-Bonus auch zu.
Ich kann im öffentlichen Nahverkehr umsonst fahren, meine Begleitperson natürlich auch, weil ich in meinem Schwerbe-

hindertenausweis das B für Begleitperson erforderlich stehen habe.

Im Amtsdeutsch nennt sich das Nachteilsausgleich und dieser ist wirklich angebracht. Denn auch wenn man sein Handicap so wie ich recht locker sehen kann, so gerät man doch eigentlich ständig in Situationen, wo es einem schon hilft einmal vorne zu stehen und nicht wie üblich ganz hinten in der Reihe.

So richtig genossen habe ich das bei der Expo 2000 in Hannover. Wir hatten uns ganz brav am Pavillon der Vereinigten Arabischen Emirate in einer ewig langen Warteschlange angestellt, da trat plötzlich ein junger Araber an uns heran, verbeugte sich höflich und wies uns zu einem gesonderten Eingang für Kinderwägen und Rollstühle, die also nicht extra warten mussten. Das gab es bei jedem Pavillon und ich glaube, so viel wie ich hat selten einer bei der Expo gesehen, denn anstehen und warten brauchten ich und mein Begleitpersonal natürlich auch nicht.

In viele Konzerte komme ich auch ohne Eintritt zu bezahlen..

Manche Veranstalter sind allerdings ein bisschen schwierig.

Da muss ein Rollstuhlfahrer nämlich eine Begleitperson haben, sonst kann er nicht in das Konzert gehen oder besser rollen. Und schon gar nicht alleine, wie soll das denn rollen, nein – gehen?

Und dann womöglich noch zwei von der Sorte, also mein Mann und ich, undenkbar!

Beim Milster-Konzert habe ich einfach vor dem Eingang zwei Leute angequatscht, ob sie unsere Begleitpersonen spielen würden, bis wir an der Kartenabreiße vorbei sind.

Die haben sich zwar sichtlich gewundert, aber mein Ziel hatte ich erreicht, wir waren drin.

Man muss einfach eine gewisse Hartnäckigkeit an den Tag legen, gerade als Mensch mit einer Behinderung. Aber man braucht deswegen nicht unfreundlich oder gar muffelig sein. Ganz im Gegenteil, und manchmal habe ich fast das Gefühl, die Leute warten direkt darauf, dass man sich negativ präsentiert, man ist ja sichtlich mit seiner Behinderung geschlagen. Bin ich aber nicht, da müsste ich ja ständig jammern, aber dazu habe ich gar keine Zeit.

Und ein bisschen hilft mir da auch mein Aussehen.

Das Püppchen-Syndrom

Hatten sie als Kind nicht auch eine Lieblingspuppe?

Hübsche blonde Haare, große blaue Augen, einfach zum Dahinschmelzen.

Genau damit bin ich ausgestattet. Mein Haar ist blond, zwar nicht lang, sondern flott kurz, und mittlerweile muss ich bei der Farbe ein bisschen nachhelfen, das gehört ab einem gewissen Alter einfach dazu, meine Augen sind blau und der Rest von mir läuft unter zierlich.

Praktisch und handlich, das wurde mir schon in meiner Jugend von einem Verehrer bescheinigt. Damals hätte ich ihn allerdings erwürgen mögen, in diesem Alter möchte man schon etwas anderes hören.

Auf keinen Fall »süßer Fratz«, viel lieber »heiße Frau«.

Aber nun bin ich eine Neuvierzigerin und genieße mein Püppchen-Syndrom.

Raffiniert eingesetzt wirkt vor allem ein herzzerreißend unschuldiger blauer Augenaufschlag und den muss ich nicht einmal vor dem Spiegel üben, den konnte ich schon immer. Selbst den Kinderblick meines Sohnes, dem man als Mutter nur schwer widerstehen kann, stecke ich locker in die Tasche.

Aber das Ganze darf natürlich nicht aufgesetzt wirken, ist es bei mir auch nicht, wenn es mir auch viel Spaß macht, mein Gegenüber schmelzen zu lassen.

Und manchmal kann ich mich auch hinter dieser Fassade verstecken, denn einem Püppchen traut niemand viel zu. Es kann ab und zu richtig erholsam sein, sich betüteln zu lassen, nicht die Fäden in der Hand zu halten, sondern einfach nur zuschauen und die anderen machen lassen.

Und um das zu können muss man nicht einmal behindert sein, aber weiblich schon, denke ich, für Männer ist das nichts.

Oder gibt es außer Barbie' s Ken noch irgendwelche männlichen Püppchen?

Wie ich mir etwas merke

Ein ziemliches Problem bei der MS ist oft, dass die Konzentration und die Merkfähigkeit des Gedächtnisses nachlassen. Bei mir war das zwar noch nie der Fall, ich war wohl schon immer ziemlich wief, aber es gibt durchaus einiges, das man tun kann, um sein Hirn fit zu halten.

Man nennt das mnemotechnische Systeme, das sind Tricks, die einem beim Denken helfen.

Wenn ich zum Beispiel einen Einkaufszettel schreibe, dann kommen die Sachen immer in der Reihenfolge darauf, in der sie auch im Geschäft zu finden sind. Dann kann ich meine Liste ruhig daheim liegen lassen, ich vergesse selten etwas.

Eine andere Methode, die ich unheimlich gerne verwende, ist das alphabetische Ordnen.

Vor ein paar Jahren musste ich mal ausprobieren, wie weit ich das mit meinen Denktricks treiben kann und ich habe dann die 50 Staaten der USA auswendig gelernt.

Das geht ganz einfach.

Ich habe die Staaten in alphabetischer Reihenfolge aufgeschrieben und mir dann gemerkt, wie viele bei welchem Buchstaben stehen.

Beim A stehen z. B. vier, Alabama, Alaska, Arizona und Arkansas. Beim C sind es drei, California, Colorado und Connecticut. Dann kommen ein paar, bei denen es nur einen Staat gibt, Delaware, Florida, Georgia und Hawaii.

Alle jetzt aufzuzählen würde ein bisschen zu lange dauern, nur noch eines.

Beim M hat es nämlich acht Staaten und die kann man dann geografisch ordnen, Massachusetts, Maine und Maryland im Osten, Montana im Westen, Minnesota und Michigan in der Mitte und Mississippi und Missouri im Süden bei den gleichnamigen Flüssen.

Das Ganze jetzt herunter zu beten ist nicht schwer.

Manchmal, wenn ich nicht einschlafen kann, dann mache ich es wie beim autogenen Training, ich rufe meinen Staatenspeicher in so einer Art monotonem Singsang ab.

Irgendwo zwischen South Dakota und Texas schlafe ich dann meistens ein.

Wenn das der Dabbeljuh wüsste, also der George W. Bush, oh je!

Ein anderer, sehr wirkungsvoller und manchmal auch lustiger Trick, ist das Bauen von Eselsbrücken.

Es gibt schon eine ganze Menge solcher Bauwerke.

Um sich die Anordnung der Planeten in unserem Sonnensystem zu merken, verwendet man einfach einen Spruch, den unsere Kinder oft schon in der Grundschule lernen.

»Mein Vater erklärt mir jeden Sonntag unsere neun Planeten.«

Die Anfangsbuchstaben der Wörter dieses Satzes stehen jeweils für einen Planeten, und auch noch in der richtigen Reihenfolge von der Sonne weg, nämlich Merkur, Venus, Erde, Mars, Jupiter, Saturn, Uranus, Neptun und Pluto.

Ist ja ganz leicht so.

Am liebsten baue ich die Brücken jedoch selbst.

Und dabei kommt mir mein Faible für Sprache wieder sehr zugute, es lassen sich wunderbare Merksprüche erfinden.

Eine andere Möglichkeit sich Dinge zu merken ist, sie mit Ähnlichem zu assoziieren.

Dabei kann man aber auch ganz schön ins Fettnäpfchen treten, also zumindest ich schaffe das.

Ich hatte einmal einen Termin bei dem neuen Direktor eines der Gymnasien Bambergs, Herrn Wicklein.

Wie merke ich mir nun den Namen, ach ja, es gibt doch Nürnberger Lebkuchen, die so heißen.

Ich habe es dann tatsächlich fertig gebracht, den Mann mit Herr Schmidt anzusprechen. War ein bisschen peinlich!

Im Großen und Ganzen ist das mit den Eselsbrücken aber wirklich eine gute Sache.

Und schließlich heißen die Brücken ja auch Esel, also darf man sich doch auch ab und zu wie einer anstellen, oder?

Die Billen

Bestimmt fragen sich einige Leute, was das nun schon wieder für ein Wort sei, Billen.

Ich bin ein Fan von Sprache, das heißt, ich spiele unheimlich gern mit dem Medium Sprache. Ich liebe Schüttelreime, ich kann mich stundenlang mit Anagrammen beschäftigen, und ich schöpfe eben auch neue Wörter.

Das Wort Unbill ist ja geläufig, und Billen sind einfach das Gegenteil, also Dinge, die dem Leben die nötige Würze geben.

Apropos Anagramme, aus meinen Ehenamen, Christine Gerlach, schüttelt sich »Chrisi lacht gerne«, mein Mann, Dieter Gerlach, wird zu »Der Geier lacht«. Gelächtermäßig ist also bei uns einiges los.

Nun aber zu den Billen in meinem Leben, den Dingen, die es mir jeden Morgen so leicht machen, dem Berg Tag gegenüber zu treten und ihn mit mir zu konfrontieren.

Mein Kind

Kinder wollte ich eigentlich schon immer haben, wir sind drei Geschwister und bei uns war immer jede Menge geboten.

Als ich dann mit 18 die Diagnose MS bekam, war eines der ersten Dinge, die mir der äußerst einfühlsame Stationsarzt in Würzburg unterbreitete, dem die ehrenvolle Aufgabe der Urteilsverkündung auferlegt worden war, dass ich mich am besten gleich sterilisieren lassen sollte, denn Kinder würde ich ohnehin wegen der MS nie bekommen können.

Gerne würde ich dem meinen Sohn einmal präsentieren, aber was soll's, ich bin schließlich nicht nachtragend.

Nach zwei verkorksten Beziehungen, die beide an der MS scheiterten, lernte ich also im April 1991 den damals vermeintlichen Traummann Larry kennen.

Hier muss ich nun schon ein bisschen weiter ausholen, denn ihn nur auf ein paar Worte zu reduzieren würde ihm und natürlich auch mir Unrecht tun, schließlich habe ich ihn geheiratet und sein Kind geboren.

Meine Freundin Babsi bediente damals in einer der Ami-Kneipen in der Nähe der Kaserne, von denen eine Garnisonstadt wie Bamberg natürlich jede Menge hat.

Ich hatte es eigentlich auch nie vorgehabt oder gar geplant, mir einen Ami zu angeln, was in unserer Stadt völlig normal ist, zumindest in den Kreisen bestimmter junger Damen, die unbedingt ins »gelobte Land« wollen.

Aber unverhofft kommt oft und genau so war es bei uns.

Die Babsi hatte gewaltig ihre Finger im Spiel, da hat sie

auch nie ein Hehl daraus gemacht. Ich glaube, man nennt das verkuppeln.

Jedenfalls saßen der Larry und ich irgendwann einmal nebeneinander an der Bar, teilten uns ein Päckchen Tempotaschentücher, weil wir beide den Schnupfen hatten und wurden uns immer sympathischer. Es wurde ein richtiger Flirt daraus und als ich ihn dann zu später Stunde mit meinem Auto zum Kasernentor fuhr, damit er wohlbehalten heim kam, gab er mir ein ganz verschämtes Küsschen auf die Wange und sagte:
»You're so special!«
Ich fand das total süß, aber richtig verstanden was er damit gemeint hat, habe ich erst viel später.
Es ist nämlich offensichtlich bei den Amichicksen, wie man in Bamberg die Mädchen nennt, die mit den amerikanischen Soldaten etwas haben, so üblich, dass man den Auserwählten zumindest für einen One Night Stand abschleppt. Das wusste ich damals aber noch nicht und selbst wenn ich es gewusst hätte, wohin hätte ich ihn abschleppen sollen, ich habe doch daheim gewohnt.

Von da ab trafen wir uns am Wochenende immer im Country Inn, bald telefonierten wir täglich miteinander und weil ich ja ein Auto hatte, unternahmen wir viel und ich hatte endlich ein Opfer gefunden, das willig all die schönen Plätze in und um Bamberg mit mir anschaute.
Nach ein paar Wochen fragte er mich plötzlich, ob ich denn einen schönen romantischen Ort kennen würde, den ich ihm zeigen könnte.

Na, das war überhaupt nicht schwierig, denn davon haben wir hier nun wirklich so viele.

Also fuhr ich mit ihm zur Giechburg, das ist eine wunderschön restaurierte Burgruine in der Nähe von Bamberg.

Wir stiegen dann auf einen kleinen Aussichtsturm hinauf, damit ich ihm unter anderem die herrliche Umgebung der Burg zeigen konnte.

Plötzlich kramte er in seiner Hosentasche herum und ich dachte mir noch, muss er ausgerechnet jetzt einen Kaugummi in den Mund stecken!

Aber es war kein Kaugummi, den er aus der Hosentasche holte, sondern ein Ring.

Und dann fragte er mich tatsächlich, ob ich ihn heiraten möchte.

Ich war wirklich völlig überrascht, wir kannten uns erst ein paar Wochen und ich hatte mit allem gerechnet, aber nicht mit einem Heiratsantrag.

Irgendwie muss ich einen total verwirrten Eindruck gemacht haben und in mir ging auch alles drunter und drüber, da nahm er mich einfach in den Arm und hielt mich erst einmal ganz fest.

»Du überlegst bestimmt, wie du mir das mit deiner MS sagen sollst, aber das weiß ich doch schon lange. Die Babsi hatte mir einmal erzählt, dass ihre Freundin MS hat, aber da kannte ich dich noch nicht einmal.

Aber jetzt tu ich das und ich will dich nicht mehr hergeben, die MS stört mich überhaupt nicht!«

Seine Worte haben in dem Moment unheimlich gut getan und ohne viel nachzudenken, sagte ich ja, ich heirate dich.

Dass das alles ziemlich unüberlegt und überstürzt geschehen war, wusste ich selbst, auch wenn niemand aus meiner Familie oder von meinen Freunden mich einmal ins Gebet genommen hätte, um mir das zu sagen.

Ich nenne das »MS-Narrenfreiheit«, die ich seit der Diagnose immer und bei fast allem, was ich anstellte, hatte.

Und ich gebe auch unumwunden zu, dass ich dieses Sonderprivileg gar oft für meine Zwecke benutzt habe.

Aber der Larry war mein absolutes Husarenstück.

Viel über ihn wissen oder ihn gar richtig kennen, konnte ich ja gar nicht, dazu waren wir einfach nicht lange genug zusammen. Das Wichtigste jedoch, und das mag man vielleicht auch verstehen, war einfach die Selbstverständlichkeit, wie er damit umging, dass ich nicht gesund war.

Auch wenn man mir das damals noch nicht angesehen hat.

Ich war bis über beide Ohren in ihn verliebt und in dem Zustand glaubt man natürlich, das hält für immer.

Im August flogen wir für drei Wochen nach Kentucky und ich wurde von seiner Familie mit offenen Armen aufgenommen.

Dann im September bekam er von der Army den Bescheid,

dass er im Dezember nach Maryland versetzt werden würde, denn die zwei Jahre in Deutschland wären dann zu Ende gewesen.

Und um in Bamberg bleiben zu können, musste er mit einer Deutschen – also mit mir – verheiratet sein. Das war dann auch der Grund für unsere absolut überstürzte Heirat.

Aber die ersten zwei Jahre unserer Ehe waren wirklich schön, sonst wäre mein Kinderwunsch bestimmt nicht so stark gewesen.

Und MS ist keine Erbkrankheit, was, wenn sie das wäre, es einem ohnehin verbieten sollte, einem Kind das Leben zu schenken.

Also, wieder nach Würzburg in die Neurologie und denen klar machen, was ich möchte.

Einer der Ärzte am Max-Planck-Institut, sogar ein Oberarzt, war von der ganzen Idee so angetan, dass er mir als erstes empfahl, sämtliche Bücher zum Thema MS und Kind weg zu schmeißen und auf keinen Fall irgendwelche Fachliteratur zu wälzen, denn dann würde mir der Mut genommen.

Jetzt wäre ich sehr stabil, habe kaum Einschränkungen und ich sollte nicht warten, bis die MS auch noch ein paar Jahre älter ist, denn man weiß nie, wohin der Weg dieser Krankheit mit den tausend Gesichtern führt.

Die Chancen stehen 50 zu 50, alles kann gut gehen oder auch nicht, aber ein Wille wie meiner ist auf alle Fälle immer eine Macht.

Mein soziales Umfeld, Ehe und Familie, machten ihm einen guten Eindruck, also – auf geht's.

Dieser Mann, bestimmt selbst ein glücklicher Vater, hatte mir unheimlich geholfen.

Zusammen mit den Würzburger Max-Planck-Ärzten wurde sodann das Projekt Baby in Angriff genommen.

Ich musste etwa ein Jahr vor der geplanten Schwangerschaft alle Medikamente absetzen, die ich zur Schubprophylaxe damals einnahm, und hatte in diesem Jahr natürlich einen Schub nach dem anderen.

Also, immer wieder Kortison – Teufelszeug, aber hilft – schließlich will ich ein Kind!

Die letzte Kortisongabe war dann über Allerheiligen '92 und ich ging am 2. November einigermaßen beschwerdefrei nach Hause.

Kortison macht den Körper sehr empfindsam, man spürt plötzlich Dinge, die einem sonst eigentlich verborgen bleiben.

Ich fühlte plötzlich so ein komisches Ziehen im linken Unterbauch und dachte mir, nicht jetzt auch noch Blinddarm! Aber halt, der Blinddarm ist doch rechts, ha, Eisprung!

Ich weiß nicht, wie viele Frauen es gibt, die den genauen Zeugungszeitpunkt ihres Kindes kennen, mein Kind entstand am 4. November 1992 um 18 Uhr 10.

Okay, man schaut beim Sex nicht auf die Uhr, tu ich auch

43

nie, da hab ich was ganz anderes im Sinn, aber in diesem Moment war es mir einfach wichtig.

Die ersten drei Schwangerschaftsmonate verbrachte ich wie viele werdende Mütter damit, alles Gegessene in regelmäßigen Abständen wieder von mir zu geben. Am meisten litt mein Kater Mitch darunter, denn selbst geschlossene Dosen mit Katzenfutter lösten bei mir einen Würgereiz aus.

Dann kam der vierte Monat und mit ihm ein Schub, der wegen des Babys nicht mit Kortison behandelt werden konnte.
Erst im sechsten Monat ist die Entwicklung des Ungeborenen soweit fortgeschritten, dass Kortison gefahrlos gegeben werden kann.
In diesem zwei Monaten nahm meine Gehfähigkeit immer weiter ab, aber in gleichem Maße wuchs mein Bäuchlein und das hat alles so aufgefangen.
Der Rollstuhl – also Otto – war kein Schreckgespenst mehr, sondern eine Hilfsmittel, was er ja auch sein soll.
Eine Bekannte hatte mir einmal vorgeworfen, sie könne sowieso nicht verstehen, wie ich mich freiwillig in so ein Ding setzen konnte.
Aber genau das ist das Problem mit den sogenannten gesunden Menschen.
Um zehn Meter zu laufen, brauchte ich zwei Minuten für das Laufen und dann zehn Minuten Pause, um mich davon wieder zu erholen. Mit dem Rolli sind zehn Meter ein kräftiger Schubs und die Sache ist erledigt.

Der Rest der Schwangerschaft verlief eigentlich ganz normal und am 9. August '93 war es dann also soweit.

Eigentlich hatte mein Gynäkologe einen Kaiserschnitt empfohlen, aber die Ärztin im Klinikum meinte, wir probieren es erst einmal normal. Die hatte leicht reden, probieren musste es schließlich ich.

Nach sieben Stunden Quälerei hatte dann mein Kind ein Einsehen mit seiner Mami und legte einen Geburtsstillstand ein.

Jetzt rannte sogar die probierende Ärztin und 20 Minuten später war er da, der tapfere kleine Kerl.

Er wog 3310 Gramm, war 51 Zentimeter groß und pumperlgesund.

Ich selbst hatte sechs Pfund weniger als vor der Schwangerschaft auf den Rippen, aber er hatte alles, und mehr hatte ich nie gewollt.

Wir kamen dann auf die Entbindungsstation und erholten uns erst einmal beide von der überstandenen Anstrengung.

Aber lange ließen die mich da nicht ausruhen, ich glaube, die waren allesamt so begeistert von der Kombination MS-Mami und gesundes Baby, dass sie sich wirklich ausnehmend rührend um uns kümmerten, sowohl das Pflegepersonal als auch die Ärzte selbst.

Ich sollte auch besser nicht stillen, denn ich hatte meinem Kind neun Monate lang meine ganze Kraft gegeben und jetzt wäre es an der Zeit, wieder an mich selbst zu denken.

Dabei hätte ich mich der ganzen Station als Amme zur Verfügung stellen können, denn jedesmal, wenn mein hungriges Kind schreiend mit seiner Flasche anrückte, schoss bei mir die Milch ein, dass es tropfte.

Nach einer Woche trank er schon 60 Gramm alle vier Stunden und als wir zwölf Tage nach seiner Geburt dann doch nach Hause durften, hatten wir die große Flasche mit 120 Gramm dabei.

So, jetzt war er also da, mein Michi, und ohne die Hilfe meiner Eltern hätte ich mir schon ganz schön schwer getan.

Die Mama stand jeden Morgen um 8 Uhr auf der Matte, und zusammen mit ihr schaffte ich Haushalt, Kind und Musikschule.

Nun fragt man sich schon, wo bleibt denn da der Vater des Kindes, von dem ist ja gar keine Rede mehr. Das spiegelt auch so ziemlich unsere damalige häusliche Situation wieder. Der Larry sah sich als Familien Versorger, er schaffte also das Geld heran, für alles andere war dann ich zuständig.

Und weil ich das im Gegensatz zu einer gesunden Frau alleine nicht zu Stande gebracht hätte, brauchte ich meine Eltern, und es war mir bestimmt nicht leicht gefallen, schon wieder an ihrem Rockzipfel zu hängen. Aber gemurrt haben sie nie, sie waren zu jeder Zeit gerne für mich und mein Kind da.

Für den Transport des Babys in der Wohnung hatte ich das Maxicosi Mobil erfunden, das heißt, ich hatte seinen Autositz mit einem Gürtel auf meinem Rollator festgezurrt und so konnte ich ihn bequem herum schieben.

Der Kinderarzt war immer hellauf begeistert von Michis schönem großen Kopf und die hellwachen blauen Augen im pausbäckigen Babygesicht fielen nicht nur mir und meiner Familie auf.

Sein Allerliebstes waren von Anfang an Zahlen und Buchstaben. Mit zweieinhalb Jahren verblüffte er seine Tante, als er vor ihrer Haustüre geheimnisvoll zu ihr aufblickte und lispelte: »Wenntht mich hochhebtht zeig ichth dir!«

Das tat sie dann auch und er deutete mit seinem kleinen, dicken Zeigefinger auf ihre Hausnummer und las genüsslich von hinten herein: »Acht-und-zwan-zig!«

Mit gut drei Jahren lernte er autodidaktisch das Lesen.

Buchstabieren konnte er schon lange, und einmal, als er mich mit seinem Opa vom Klavierunterricht abholte, fragte ihn eine meiner Schülerinnen, ob er denn jetzt schon lesen könne. Er sagte ja und buchstabierte ihr den Namen eines der Kinder aus diesem Klassenzimmer vor.

»Das ist aber nicht Lesen,« sagte die Kathrin damals, »das ist Buchstabieren, Lesen geht so: J-o-n-a-s« Dabei hängte sie jeden Buchstaben langsam an den vorherigen an. Jetzt war der Michi beleidigt und stampfte von dannen.

Daheim setzte ich ihn dann auf sein Töpfchen und vor den Fernseher, denn da blieb er immer schön sitzen.

Es lief »Herrchen gesucht«, eine Sendung, bei der Tierheimtiere vorgestellt werden. Ihre Namen wurden immer rechts unten am Bildschirm eingeblendet.

Ich machte gerade etwas anderes und hörte am Rande, wie er brabbelte:

»Te-o-em-em-ypsilon, T-o-m-m-y. Der Hund heißt Tommy.«

Ein bisschen später ging es dann: »Ce-o-ce-ka-ypsilon, C-o-c-k-y. Der Hund heißt Cocky.«

Jetzt war meine Aufmerksamkeit geweckt und mein Kind konnte lesen.

Als er fünf war, ließ ich dann seinen IQ testen, nur so rein interessehalber und auch ein bisschen, weil es mich schon reizte zu wissen, wo wir standen.

Deutlich über 130 war das Ergebnis, also genau, was wir alle vermutet hatten – Hochbegabung.

So, und schon ging es los mit den Unkenrufen aus meinem Bekanntenkreis.

Viele meinten, weil ich im Rollstuhl sitze, habe ich den ganzen Tag nichts anderes zu tun, als mein Kind zu bimsen.

Aber man braucht ein hochbegabtes Kind zu nichts zwingen, es lehrt sich von ganz alleine.

Mein Mann und ich verstanden und verstehen uns immer noch lediglich als Fragenbeantworter und Materialbeschaffer.

Mit den Lernhilfebüchern zum Lesen, Schreiben und Rechnen für die erste und zweite Klasse waren wir schon im Kindergarten durch und ich hatte manchmal schon ein schlechtes Gewissen, wenn ich mir so überlegte, was er dann eigentlich in der Schule noch machen könnte, ohne dass ihm dabei langweilig werden würde.

Aber dann kam immer der Kinderblick, bei dem alle Mütter schmelzen.

»Ach Mami, bitte kauf mir doch noch so ein Buch, dann nerve ich dich auch nicht und beschäftige mich ganz allein. Bitte, bitte!«

Wie hätte ich da widerstehen können?

Ich habe mich schon immer viel mit ihm beschäftigt, er ist halt nun einmal mein absoluter Lebensmittelpunkt. Es ist einfach wichtig, dass man hinschaut, was sein Kind macht. Er ist mein schönstes Hobby und wahrscheinlich bin ich eine der wenigen Erwachsenen, die alle Pokemon Gestalten mit Namen kennt. Und es ist nicht einmal langweilig, sich mit diesen Figuren anzufreunden. Da kommt mir wieder mein Faible für Sprache zugute, die Namen der Typen sind nämlich oft sehr interessant. Zum Beispiel entwickelt sich Bisasam zu Bisaknosp und dann zu Bisaflor. Macht doch Sinn, oder?

Und der Michi findet es natürlich auch schick, dass seine Mami nicht ganz Pokemon ungebildet ist.

Ich werde oft dafür bewundert, was für ein braves Kind ich doch habe, eines das nicht ständig nervt und quengelt und das ist doch so einfach.

Man muss sie doch nur beschäftigen, Kinder nerven dann, wenn ihnen langweilig ist. Und ein Kind wie der Michi macht es einem da nun ganz leicht.

Als er gerade mal fünf war, machten wir einen Kurzurlaub in Carolinensiel an der Nordsee. Wir gingen abends zum Essen in ein kleines Lokal und dort war ziemlich viel los, wir mussten ganz schön lange auf unser Essen warten. Wartende Kinder können unleidlich werden, also ablenken. Nichts leichter als das, rechnen wir ein bisschen.

»Au ja, Mami, erklär mir mal, wie das 19er Einmaleins geht, das kenne ich noch nicht.«

»Also pass mal auf, das ist ganz leicht, wenn du zum Beispiel 6 mal 19 rechnen willst, dann machst du 6 mal 20, einfach 6 mal 10 + 6 mal 10, und dann ziehst du die 6 einmal wieder ab, weil du es ja nur 19 mal haben wolltest.«

»Logisch, Mami, das macht dann 60 + 60 - 6, also 114. Noch eins!«

So rechneten wir also das 19er Einmaleins rauf und runter, das Kind war glücklich und wir auch, weil die Wartezeit wie im Flug verging.

Da plötzlich trat eine ältere Dame an unseren Tisch heran und entschuldigte sich dafür, dass sie uns einfach so ansprach.

»Mein Mann und ich sitzen am Nebentisch und hören Ihnen schon eine ganze Zeit lang zu. So etwas haben wir noch nie erlebt. Wie alt ist denn der Bub?«

Der Michi antwortete gleich selbst.

»Ich bin schon fünf, aber in die Schule gehe ich noch nicht. Brauche ich auch nicht, zum Rechnen hab ich doch meine Mami!«

Balsam für ein Mutterherz, das können Sie bestimmt verstehen.

Für die Fragen habe ich mittlerweile eine Lexikothek angelegt, denn irgendwann gingen uns die Antworten einfach aus.

Bei manchen Dingen hilft allerdings nicht einmal ein Lexikon.

Einmal kam er ganz grüblerisch an, denn da war er beim Philosophieren auf ein Problem gestoßen.

»Mami, wenn jemand nicht sehen kann, dann heißt das blind, wenn man nicht sprechen kann, ist man stumm und wenn man nicht hören kann taub. Aber was ist einer, der nicht riechen und schmecken kann?«

Hm, gute Frage, darüber hatte ich noch nie nachgedacht.

Mir fiel da nur ruchlos oder geschmacklos ein, aber das war es sicherlich nicht.

Konfuzius hat einmal gesagt, man muss nicht alles wissen, nur, wo man nachschauen oder nachfragen kann. Also haben wir beim Radio angerufen, die hatten da eine Rubrik, wo man Fragen stellen konnte auf die man keine Antwort wusste und die haben sich dann darum gekümmert.

Der Michi wurde kurz auf Sendung interviewt und bekam dann seine Antwort.

Als in der Urzeit beim Menschen sich die Sprache bildete, gab es kein Wort dafür, dass einer nicht riechen oder schmecken konnte, denn das war zum Überleben nicht notwendig. Ganz anders als wenn einer nicht sehen oder hören konnte, der hatte praktisch keine Chance. Deshalb gibt es keine prägnanten Eigenschaftswörter für dieses Phänomen, man kann nur geschmacks- oder geruchsunempfindlich dazu sagen.

Originalton Michi: »Siehst du, Mami, gut dass es das Radio gibt, weil du auch nicht alles weißt!«

Und was den Computer anbelangt, ist mir der Michi ohnehin weit voraus.

Wir haben so einen Apparat seit Michi fünf ist und immer wenn es aus dem Kinderzimmer, wo das Ding sinnvollerweise steht, raucht – das ist dann mein Kopf – kommt er mit Duldermiene herbei, hackt auf der Tastatur herum, blickt mich mitleidig an und meint: »Mami, was regst du dich denn auf, der Computer sagt dir doch, was du machen musst.«

Und wo er Recht hat, hat er Recht.

Der Kasten hat bloß Glück, dass ich an den Fenstergriff nicht herankomme, sonst läge er schon längst draußen im Garten.

Ja, und dann die Sache mit dem Klavier. Das steht nämlich auch in seinem Zimmer, da ist am meisten Platz und als er noch klein war, schlief er dort ja nur, also konnte ich tagsüber in Ruhe unterrichten.

Irgendwann hatte er beschlossen, dieses Gerät nicht mehr nur als Ablageplatz für Spielsachen zu betrachten, er wurde sich der Tatsache bewusst, dass auch er durchaus in der Lage sein könnte, diesem Instrument schöne Töne zu entlocken.

»Pass auf, Mami, ich möchte jetzt auch Klavier spielen lernen, aber nicht bei dir, denn du bist meine Mami, nicht meine Lehrerin!«

Des Kindes Wille ist mein Himmelreich, also meldete ich ihn bei der Musikschule an und seine eigene kleine Karriere konnte beginnen. Jetzt spielt er schon im sechsten Jahr, er liebt es, bei Vorspielabenden und kleinen Konzerten aufzutreten und mir wurde bereits von verschiedenen Seiten bescheinigt, dass es sehr gut und wichtig sei, ihn nicht selbst zu unterrichten. Ganz ehrlich, das war eigentlich seine Idee, aber das müssen wir ja nicht jedem gleich auf die Nase binden.

Außerdem musste ich mir von einigen Leuten sagen lassen, wie schwierig es doch sei, mit einem hochbegabten Kind klar zu kommen.
Aber es heißt doch Hochbegabung, nicht Hochbestrafung!
Nun ja, die vier Jahre Grundschule waren Nerven aufreibend für alle Beteiligten.
Das Problem der Unterforderung ging natürlich auch nicht an meinem Kind vorbei. Sein Lehrer in der ersten Klasse monierte seine Schrift, durchaus zu Recht, denn der Michi hatte und hat immer noch eine ziemliche Sauklaue. Über einen Vierer in Schrift sind wir auch nie hinausgekommen und sein Kommentar zu dieser Tatsache war:
»Es ist doch wohl egal, wie ich schreibe, wichtig ist doch, was ich schreibe!«
Seinen Lehrern konnten wir das zwar nicht verinnerlichen, aber für uns selbst ging es schon in Ordnung.
Manchmal gab es bittere Tränen, bei ihm und auch bei mir, denn so ganz spurlos kann ein oft unglückliches Kind an keiner Mama vorbei gehen, und natürlich stellte ich mir die Frage, ob ich ihn eine Klasse überspringen lassen sollte. Vom rein Fachlichen wäre das überhaupt kein Thema gewesen, er hätte das locker gepackt, aber da ist ja auch noch die soziale Komponente und die ist so wichtig. Nun hatte er sich endlich einigermaßen in die Klassengemeinschaft eingefügt und dann wurde ich ihn da wieder herausreißen? Er war sowieso schon der Kleinste, der Jüngste und auch der Gescheiteste in seiner

Klasse und ein Springen hätte das alles noch problematischer gemacht.
Also ließen wir ihn da wo er war und kämpften weiter.

Mitunter war das wirklich ein harter Kampf, denn es lag alleine an mir, die Unterforderung auszugleichen und ihn auch sozial einigermaßen bei der Stange zu halten, denn von seinem Lehrer in der 3. und 4. Klasse kam da überhaupt nichts rüber. Der war offenbar mit dem Phänomen Hochbegabung komplett überfordert, manchmal hatte ich sogar den Eindruck, dass er die Defizite, die ein hochbegabtes Kind nun einmal mit sich bringt, als persönlichen Affront ansah. Jedenfalls hatte er uns die letzten zwei Jahre Grundschule nicht gerade erleichtert. Aber Schwamm drüber, ist vorbei!

Und nun geht der Michi aufs Gymnasium und wir sind alle wieder recht ausgeglichen.
Angefangen hat er in der fünften Klasse mit Latein, denn humanistische Bildung hat noch niemandem geschadet. Er betreibt diese Sprache logisch-analytisch, und das scheint genau der richtige Weg zu sein, mit einer toten Sprache umzugehen. Mathematik ist ohnehin kein Problem, nur mit Deutsch hat er ist nicht so, Aufsätze schreiben ist halt nicht sein Ding.
Außerdem bin ich über schlechtere Noten ab und zu gar nicht sehr erbost, weil es dann keinen Grund für seine Klassenkameraden gibt, ihn als Streber zu sehen, was er wirklich nicht ist.

Ich wäre manchmal ganz froh, wenn er ernsthaft lernen müsste, dann wäre er wenigstens beschäftigt. Denn im Grunde genommen reicht es, wenn er das zu Lernende laut durchliest, dann ist es einmal durch seine Hirnwindungen durchgelaufen und sitzt. Also lasse ich mir Geschichte, Erdkunde oder Natur und Technik von ihm vorlesen, dann kann er das und ich lerne auch noch einiges sehr Interessantes.

Natürlich geht das nicht jeden Tag, ich habe auch noch etwas anderes zu tun und er muss schon auch lernen, dass er für sich selbst verantwortlich ist und sich nicht nur immer auf mich verlassen kann. Dann lernt er seinen Stoff halt nicht, im Unterricht hat er auch nicht aufgepasst, er rumpelt unvorbereitet in eine Abfrage oder ein Extemporale hinein, kassiert einen Vierer oder Fünfer und das ist die beste erzieherische Maßnahme. Weil er es jetzt nämlich ohne große Reden von mir begriffen hat, warum man sein Zeug lernen sollte.

Wer jetzt aber meint, dies sei ein einmaliger Vorfall bei Mr. Schlaumeier gewesen, der irrt gewaltig. So einen Ausrutscher kann man doch locker durch ein Referat oder besonders vorbildliche mündliche Mitarbeit wieder wettmachen. Also schlampert das Kind gelegentlich munter weiter, der mütterliche Zorn legt sich schon wieder und das mit dem Ausbügeln von schlechten Noten ab und zu hat bisher doch auch immer funktioniert.

Und wie kommt das Kind mit der rollenden Mami klar?

Das war noch nie ein Problem, denn er ist da ganz natürlich hinein gewachsen, er kennt mich ja nichts anders.

Anfangs konnte ich den Rolli noch als Transportmittel benutzen von Punkt A, wo ich einstieg, nach Punkt B, wo ich wieder ausstieg. Der leere Rolli war äußerst beliebt bei Kind und Kater und wer ihn zuerst besetzte, hatte gewonnen.

Es ist natürlich wichtig, dass ein laufendes Kind absolut zuverlässig auf eine nicht laufende Mutter hört.

Das hat auch immer gut geklappt, bis auf ein einziges Mal im Wohnzimmer, als er dann doch einmal ausprobieren musste, was passiert, wenn man nicht hört und nicht kommt, wenn die Mami ruft.

Ich habe ihn dann in einer Ecke gepinnt und es war das einzige Mal, dass er von mir einen Klaps auf den Windelpopo bekam.

Die Mami kommt langsam, aber wenn sie kommt, dann mit Macht!

Ansonsten hat mein Kind es perfektioniert, die für Außenstehende nur schwer sichtbaren Vorteile einer Mami, die nicht laufen kann, für sich zu nutzen.

Während andere Kinder nach der Mama rufen und die kann gerade nicht, weil sie etwas anderes zu tun hat, da geht meiner einfach her, macht die Bremse vom Rolli auf und schiebt mich dahin, wo er mich gerade braucht.

»Mami, du bist so praktisch!«

Diesen Satz habe ich schon oft gehört und jedesmal tut er wieder so gut.

Vom Kindergarten hatte ich ihn öfters mit dem Elektrorollstuhl abgeholt, dann kam er heraus gehüpft, kletterte auf meinen Schoß und wir düsten los.

Einmal maulte ein kleiner Kollege, den seine Mutter hinter sich herzerrte:

»Der kann sitzen und ich muss laufen!«

So sind Kinder, erfrischend ehrlich und so direkt!

Und die Antwort des Meinen braucht auch keinen Kommentar mehr.

»Ätsch, meine Mami hat einen Rolli, deine nicht!«

Tja, und nun ist er zwölf, jetzt schiebt er mich und ist auch noch stolz dabei.

Vor kurzem, als er mich über die Rampe in den Omnibus hievte, wollte der Busfahrer ihm helfen, aber er lehnte ab mit den Worten:

»Das kann ich alleine, schließlich mache ich das schon länger.«

Und im Circus Krone saßen vor uns zwei behinderte Kinder mit ihren Müttern und da meinte mein Sohn, behinderte Mami mit gesundem Kind sei viel besser, denn schließlich könne er mir ja bei allem zur Hand gehen.

Und damit hat er Recht.

Sehr interessant wird es auch, wenn wir zusammen irgendwohin gehen. Er läuft grundsätzlich neben mir, damit wir uns besser unterhalten können. Also schiebt er ja nur mit einer Hand. Dass der Rolli dann ab und zu einen Schlenker macht, findet er völlig okay, er meint, damit müsse ich leben.

Er schnallt mich bevor wir losgehen auch immer mit meinem Sitzgurt an, man kann ja nie wissen!

Ich denke oft über den Sonderstatus meines Sohnes nach, gesundes Kind, das mit gehandicapten Eltern zusammen lebt und wir, also er und ich, kommen immer wieder zum selben Ergebnis.

Vieles was Eltern mit ihren Kindern unternehmen, Herumtollen oder Sport treiben, können wir nun mal nicht. Dafür gibt es dann Sportvereine und Jugendgruppen, da kann der Michi sich voll ausleben. Eine Zeit lang hat er Aikido gemacht, aber dann hatte ihm das nicht mehr gefallen und er hat wieder aufgehört. Er ist halt ein Kopfkind, Sport ist Mord, meint er und Radfahren und im Sommer Schwimmen tut er gerne und damit hat es sich dann auch, was seinen sportlichen Ehrgeiz anbelangt.

Seine Jugendgruppe, die KjG St. Anna, die zu unserer Kirchengemeinde gehört, ist ganz wichtig für ihn. Dort hat er außerschulischen Kontakt zu Gleichaltrigen, sie machen Spiele miteinander, bolzen herum, gehen auf Wochenendefreizeiten, also hat er dort die Gelegenheit, all das zu tun, was daheim nicht geht. Bei anderen Kindern geht es nicht, weil die Eltern vielleicht berufstätig sind, bei uns sind es eben andere Gründe.

Der Michi hat anderen Kindern seines Alters gegenüber ein ganz großes Stück voraus, was seine Verantwortlichkeit betrifft. Er ist unheimlich selbstständig und dabei sehr zuverlässig. Vor kurzem hatte er sich nach der dritten Stunde von der

Schule befreien lassen, weil sein Kopf so weh tat. Er kam nach Hause, rief sofort seinen Kinderarzt an, ob er kommen könne, denn er wollte sichergehen, dass er nicht an einem grassierenden Grippevirus erkrankt war, sondern eventuell nur einen grippalen Infekt aufgeschnappt hatte. Der Doc bestätigte seine Vermutung und das Kind konnte in aller Ruhe seinen Infekt auskurieren.

Er kümmert sich auch um unseren Kater, er fährt im Omnibus mit ihm zum Tierarzt, die Leute im Bus loben ihn sehr, weil er das für sein Tier macht und dann kommt er heim und versteht die Welt nicht mehr ob dieses Lobes.

»Die fanden das total außergewöhnlich, dass ich den Mitch zum Tierarzt bringe. Das ist doch völlig normal oder machen andere Kinder das etwa nicht?«

Sein ganzes Verhalten hat durchaus viel mit seinem privaten Sonderstatus zu tun.

Ich bezeichne ihn gerne als Barriere freies Kind und das ist er absolut. Es gibt für ihn nichts Normaleres als Behinderung, das gehört irgendwie dazu, die Leute brauchen manchmal ein bisschen mehr Zeit, weil sie nicht so schnell machen können, aber Zeit gibt es zum Glück genug. Und von uns beiden ist er derjenige, der viel Geduld hat. Ich nicht so, das gebe ich unumwunden zu, wenn auch leicht mit den Zähnen knirschend. Aber der Mensch lernt nie aus, sagt mein Michi immer, und er rügt mich mit strengem Blick, wenn ich mal wieder ungeduldig herum zapple und einfach nicht warten kann, bis etwas geschieht.

Gerade jetzt, wo ich dieses Buch schreibe, denke ich viel darüber nach, was es eigentlich braucht, um ein Kind so hinzukriegen wie er es ist.

Das Geheimnis, das ja gar keines ist, besteht darin, rechtzeitig loszulassen, dabei aber das Ende der langen Leine nicht aus den Händen zu geben.

Wo das mit dem Loslassen doch so schwer ist, das verstehen alle anderen Mütter bestimmt auch. Als mein Baby zum ersten Mal alleine in die Badewanne gehen wollte, okay, das Baby war schon sechs Jahre alt, da schluckte ich schon heftig und ließ ihn schweren Herzens ziehen – in die Badewanne. Und zu meiner Beruhigung, ich muss es gestehen, hätte ich es bestimmt am Gurgeln gehört, wenn er abgesoffen wäre.

Aber Spaß beiseite, es ist nicht leicht, seinem Kind beim Erwachsen werden genau das rechte Maß an Führung angedeihen zu lassen. Da wandert man schon auf einem schmalen Grat zwischen lass ihn mal alleine machen und er ist doch noch so klein. Und ich als Einzelmutter bin ohnehin prädestiniert dafür, mein Kind vor allen Angriffen der ach so feindlichen Umwelt bewahren zu wollen.

Aber er spürt ganz genau, bei wem die Fäden zusammenlaufen und wer sein kleines Heft in der Hand hält. Und auch wenn er ab und zu mal rappelt, das ist in seinem Alter ganz normal, schließlich steuert er volle Kanne auf die Pubertät zu, er ist schon richtig geraten. Weil er weiß, zu wem er mit seinen kleinen und großen Sorgen kommen kann, weil seine Mami immer zuhört und oft alleine schon das genügt.

Ich wurde schon öfters gefragt, ob es nicht doch ein Fehler war, mit MS ein Kind zu bekommen, aber ich würde es immer wieder genauso machen.

Wohin diese Krankheit mich geführt hätte, das weiß niemand.

Wahrscheinlich säße ich auch so im Rollstuhl, aber das Allerwichtigste, das Allerwertvollste in meinem Leben hätte ich nicht, mein Kind.

Manchmal, wenn ich denke, ich bin so fertig, ich brauche eine Pause, und dann kommt aus dem Kinderzimmer der Ruf »Mami!«, dann ist die ganze Müdigkeit wie weg geblasen und Pause brauche ich auch nicht mehr.

Der Michi ist mein laufender Motor, mein Dreh- und Angelpunkt, das Moment in meinem Leben, das mich am Laufen hält, natürlich im übertragenen Sinn gemeint.

Denn Laufen bräuchte ich gar nicht mehr können, eröffnete er mir vor kurzem, dann müßte er sich nämlich total umstellen, weil er mich gar nicht anders kennt.

Na und das kann ich meinen Stern ja wohl nicht zumuten, selbst wenn ich wollte, was ich mittlerweile gar nicht mehr so oft tue.

Denn wie gesagt, intensiver kann ein Mutterleben kaum sein.

Meine Beine, meine Hände, die sind jetzt 1 Meter 50 groß, gehen aufs Gymnasium und machen mich unendlich stolz.

Was also sollte ich noch mehr wollen?

Mein Mann

Ich weiß, was Sie jetzt denken, das mit dem sonst nichts wollen kann so nicht stimmen, schließlich ist man ja auch Frau. Und selbst die Liebe und die Zärtlichkeit des Kindes, das so unendlich wichtig für mich ist, konnte auf Dauer nicht das ersetzen, was ich vom Larry nicht mehr bekam. Und ganz ohne jegliche zwischenmenschlichen Berührungen funktioniert eine Beziehung, besonders eine Ehe, nun einmal nicht.

Sie war also irgendwann endgültig im Eimer.

Der Larry hat meine seit der Schwangerschaft immer weiter zunehmende sichtbare Behinderung einfach nicht gepackt. Der Halt, den ihm der strengen Drill der Army gegeben hatte, den konnte er bei mir offenbar nicht finden. Er fing an zu trinken und das ganze Leben wurde immer schwärzer.

Das alles hat mich ziemlich nach unten gezogen.

Ich hatte für nichts mehr Interesse, saß nur da und starrte Löcher in die weiße Wand. Kümmern konnte ich mich nur noch um mein Kind und meine Schüler.

Meine Mama mochte das irgendwann nicht mehr mit ansehen und beschloss dann gemeinsam mit einer Dame von der AOK mich für ein paar Wochen in die Marianne-Strauss-Klinik am Starnberger See zu schicken, ein Haus, in dem nur MS-Patienten behandelt werden.

Bis dahin hatte ich mich erfolgreich geweigert, mich in so ein Etablissement verschicken zu lassen, denn ich hatte immer gedacht, es würde mich total belasten zu sehen, wohin diese Krankheit führen kann.

Aber genau das Gegenteil war der Fall und das hatte viel mit einem meiner MS-Kollegen dort, dem Peter, zu tun.

Er konnte nicht mehr laufen, nur noch schlecht sehen und mit einer Hand gerade mal seinen Elektrorolli bedienen. Aber er konnte jeden Tag fröhlich guten Morgen sagen, er konnte flaxen und seine Behinderung von der witzigen Seite her sehen.

Klar, er war einen harten Weg gegangen, um dahin zu gelangen, einfach so geht das nicht, aber er hatte es geschafft.

Ob auch ich das packen könnte?

Es hat nicht ganz zwei Wochen gedauert, bis ich die Richtung gefunden hatte, wieder die alte Chrisi zu werden, Gott sei Dank. Ich konnte mich ganz allein nur auf mich selbst konzentrieren, auf das, was mir gut tut und was für mich wichtig ist.

Kein Druck mehr auf meine Seele und dann noch Krankengymnastik, physikalische Anwendungen, Ergotherapie, alles das in hoher Dosis, wie es einem bei so einem Klinikaufenthalt angeboten wird, das trug ungemein zur Stabilisierung und sogar Verbesserung meines Gesundheitszustandes bei.

Und dass ich einen Rolli brauchte, war hier überhaupt kein Thema, ganz im Gegenteil.

Wenn normalerweise irgend wo ein paar Männer zusammenstehen, dann reden sie garantiert über Autos. Hier nicht.

Viel interessanter war es, das Rollimodell eines anderen zu begutachten, sich womöglich gar einmal in eines der hoch gepriesenen Gefährte hinein zu setzen, um selbst auszuprobieren, wie leicht der läuft.

Bei uns Damen stand natürlich eher das Design im Vordergrund. Man ist farblich schon sehr gebunden, wie sieht das denn aus, wenn man eine rote Hose trägt, wo der Rolli doch hauptsächlich in Lila gehalten ist.

Nach einer Woche bekamen wir dann einen neuen Patienten an unserem Tisch.

»Ich bin der Dieter«, sagte er und setzte sich an den freien Platz mir schräg gegenüber.

Eigentlich war ich ja noch nie auf ältere Männer gestanden. Graue Schläfen fand ich schon interessant, aber so ein gänzlich Ergrauter, noch dazu mit ziemlich breitem Scheitel? Aber der Schalk, der in seinen blauen Augen blinkte, dem konnte ich mich einfach nicht entziehen.

Die Chemie stimmte von Anfang an zwischen uns, wie man so schön sagt, und als ich merkte, dass da bei mir mehr als nur Sympathie am Keimen war, flogen die Klopapierrollen im Bad an die Wand.

»Er ist 27 Jahre älter als du, er könnte dein Vater sein, du bist immer noch verheiratet,« schimpften die Rollen, aber gegen so ein Gefühl ist man machtlos.

Und dann muss ich zu meiner Verteidigung auch anbringen, dass das, was ich auf einmal erlebte, völliges Neuland für mich war. Ich bin nicht gesund, ich sitze im Rollstuhl und trotzdem ist da ein Mann, der mich attraktiv findet, mit dem ich nach allen Regeln der Kunst flirten kann, jemand, der sich womöglich ausgerechnet in mich Häuflein Elend verliebt hat?

Am Samstagabend nach dem Essen saßen wir alle noch beieinander und unterhielten uns darüber was »ich liebe dich« in verschiedenen Sprachen heißt.

Wir hatten auf unserer Station einen norwegischen Krankengymnastik-Therapeuten und da ich ja ein Sprachfan bin, hatte ich versucht ein bisschen Norwegisch zu lernen.

»Wenn einer zu mir jeg elsker deg sagen würde, ich glaube, ich müsste gerade heraus los lachen, so komisch klingt das«, meinte ich noch.

Dann setzte ich mich um in meinen Rolli, um zum samstäglichen Klinikgottesdienst zu gehen.

Und da lehnte der Dieter sich ein bisschen nach vorne, sah mir direkt in die Augen und sagte:

»Jeg elsker deg!«

Von dem Gottesdienst habe ich überhaupt nichts mitbekommen, so sehr ging alles in mir drunter und drüber.

Danach ging ich zurück in mein Zimmer, aber länger als eine halbe Stunde habe ich es einfach nicht ausgehalten, bis ich dann zum Telefonhörer griff und den Dieter anrief.

»Kommst du bitte mal zu mir ins Zimmer«, bat ich ihn und das war mir bestimmt nicht leicht gefallen.

Er ließ mich noch zehn Minuten im eigenen Saft schmoren und dann kam er.

»Ich finde es überhaupt nicht lustig, wenn du jeg elsker deg zu mir sagst und ich weiß gar nicht mehr was mit mir los ist und du bringst mich völlig durcheinander«, sprudelte es einfach aus mir heraus.

»Aber ich, der Alte!« sagte er ziemlich kläglich.

»Und ich, die Junge?« kam es mindestens genauso kläglich von mir zurück.

Da küsste er mich ganz zart auf den Mund und damit war es um uns beide geschehen.

Und jetzt ging das Versteckspiel erst so richtig los, schließlich war ich ja verheiratet.

Je grauslicher das Wetter war, desto besser für uns, denn dann war im Klinikpark niemand unterwegs.

Wir trafen uns so oft es ging in der äußersten Ecke der Anlage und knutschten herum wie zwei Siebzehnjährige.

Selbst hatte ich damals noch keinen Elektrorolli, aber dank Peters Outdoor-Cruiser, den ich mir jederzeit ausleihen konnte, war ich auf einmal wieder mobil.

Mitte März im Voralpenland ist es draußen ziemlich kalt, aber davon haben wir überhaupt nichts mitbekommen, die Wärme kam von innen heraus, aus unseren Herzen.

Aber irgendwann habe ich dann diese innere Zerrissenheit nicht mehr ausgehalten, ich musste mich jemandem mitteilen.

Ich bat also den Pater Raphael, seines Zeichens Seelsorger der Klinik, zu dem ich von Anfang an einen Draht hatte, um ein Beichtgespräch, bei dem ich mir alles von der Seele reden konnte.

Und es war sehr viel, was da aus mir heraus purzelte, was sich so lange angestaut und mich fast kaputt gemacht hatte.

Als endlich alles draußen war, schaute er ganz tief in mein ausgeschüttetes Herz hinein, bevor er jene für mich so wichtigen Worte sprach.

»Zwei behinderte Menschen und ein gesundes Kind, das kann schon Probleme geben, aber bestimmt nicht mehr, als jetzt schon da sind. Und bevor alle drei hin sind, oder jetzt wohl besser vier, dann lieber ein Ende mit Schrecken als ein Schrecken ohne Ende.«

Der Pater Raphael besitzt so viel Weisheit und ein Maß an Lebenserfahrung, das seinesgleichen sucht, und das bei einem 75-jährigen Ordensbruder.

Ich musste ihm allerdings noch versprechen, dass ich nach meiner Rückkehr dem Larry sechs Wochen Zeit geben würde, denn vielleicht hätte ja unsere Trennung jetzt etwas bei ihm bewirkt.

Am Karfreitag fuhr ich also nach Hause und der Abschied vom Dieter fiel so unendlich schwer, denn wir wussten beide nicht, ob wir uns jemals wieder sehen würden.

Der Dieter hätte mich niemals dazu aufgefordert, meinen Mann für ihn zu verlassen.

Mit sehr gemischten Gefühlen war ich nun also wieder daheim, aber es hatte sich überhaupt nichts geändert, ganz im Gegenteil.

Bereits nach zwei Tagen war der Status Quo wieder erreicht.

Kommt er heim, wann kommt er heim und wenn, dann in welchem Zustand?

Sechs Wochen hatte ich dem Pater Raphael versprochen, aber nach zehn Tagen war das Maß endgültig voll.

Als ich dem Larry sagte, dass ich es so nicht mehr aushalten kann und wir uns besser trennen, konnte er die Erleichterung in seinen Augen nicht verbergen.

Er hätte sich eher in Grund und Boden gesoffen – und den Michi und mich dazu – als mich zu verlassen.

Und das erklärt denke ich zur Genüge, warum unsere Ehe gescheitert ist. Natürlich war ich traurig, vor dem Trümmerhaufen meiner Liebe zu stehen, aber irgendwann ist der Selbsterhaltungstrieb starker als jegliche anderen Gedanken, Hoffnungen und Ratschläge.

Ich kümmerte mich noch darum, dass er eine anständige Wohnung in der Nähe seiner Arbeitsstelle bekam, er arbeitete zu der Zeit in einem KFZ Meisterbetrieb, und am letzten Wochenende im April brachten wir den Auszug dann über die Bühne.

Der Michi war solange bei Omi und Opa, denn er hätte es nicht verstanden, warum der Daddy fort geht.

Nach ein paar Tagen kam mein Kind dann wieder heim und ich stand vor der schwierigen Aufgabe ihm zu erklären, wo sein Vater abgeblieben war.

Wir saßen in der Küche beim Mittagessen und zwischen zwei Löffeln fragte er plötzlich:

»Mami, wo ist die Migglöbbele?«

»Die was?«

»Na, die Migglöbbele«, wiederholte er ungeduldig und deutete auf die leere Stelle, an der die Mikrowelle gestanden war, die der Larry mitgenommen hatte.

Jetzt nur die richtigen Worte finden, aber ich hatte mein Kind mal wieder unterschätzt.

»Die ist beim Daddy, der wohnt jetzt woanders, nicht mehr bei uns.«

»Okay, alles klar, er braucht sie auch, bei uns kocht eh die Omi.«

Das kam mit vollem Mund und voller Überzeugung.

Damit war der Fall erledigt und für ihn war alles palletti.

In diesem Alter lebt ein Kind nur in der Gegenwart, Vergangenheit oder Zukunft spielen keine Rolle. Seine kleine Welt war völlig intakt, groß geändert hatte sich für ihn ohnehin nichts.

Während der sechs Wochen, in denen ich nicht da war, wohnte der Michi bei den Großeltern und sein Vater hatte ihn ganze vier mal besucht. Schon bezeichnend, vor allem bei einer Entfernung von Luftlinie 350 Metern zwischen unserer Wohnung und dem Haus meiner Eltern.

Und siehe da, auf einmal interessierte sich der Larry wieder für seinen Sohn.

Das war so wie bei einem Kind, dem man ein Spielzeug wegnimmt, das wochenlang in irgendeiner Ecke herumliegt. Plötzlich ist es unheimlich wichtig und wird unbedingt gebraucht.

Im Grunde genommen hat der Michi von unsere Trennung nur profitiert.

Die Mami war wieder ausgeglichen und fröhlich, der häusliche Segen hing nicht mehr schief und einen Daddy, der mit ihm etwas unternahm, hatte er nun auch.

Und der Dieter?
Der wusste von alledem noch gar nichts, das blieb aber nicht sehr lange so.
Zuerst ein paar zaghafte Telefonate, bald bekam ich täglich einen Brief von ihm und dann mussten wir uns einfach wieder sehen.

Ich hatte ja damals noch überhaupt keine Erfahrungen damit, was alles möglich ist, auch wenn man einen Rollstuhl braucht.
Aber der Dieter gab mir telefonische Anweisungen und ich befolgte sie artig.
Autofahren konnte ich nicht mehr, also Eisenbahn. Ich hätte mir niemals träumen lassen, wie einfach das ist, als behinderter Mensch mit dem Zug zu fahren.
Und dabei war damals alles noch wesentlich umständlicher als es heute ist. Jetzt gibt es an allen größeren Bahnhöfen Aufzüge, um von Gleis zu Gleis zu kommen, ich wurde immer ewig weit aus dem Bahnhof hinaus und über die Gleise geschoben, die Züge selbst haben mittlerweile sogar eigene Rollstuhlsplätze und behindertengerechte Toilettenanlagen.
Aber alles das wäre mir wahrscheinlich gar nicht aufgefallen, als ich das erste Mal zum Dieter fuhr, denn ich war so aufgeregt, dass mir das Herz bis zum Hals hinauf schlug.
Und als ich dann am Augsburger Bahnhof von einem Bahnbediensteten zur Schalterhalle gebracht wurde und den Dieter am vereinbarten Treffpunkt stehen sah, da war sowieso alles

zu spät. Selbst dem netten Herrn, der mich schob, konnte es nicht verborgen bleiben, dass der Mann, der da auf mich wartete, mehr als nur eine flüchtige Bekanntschaft war.

Ich werde es nie vergessen, wie er da stand mit seinen Gehstützen und mich anstrahlte. Und ich selbst hatte mich noch nie zuvor so begehrt gefühlt und dabei so beschützt und geborgen.

Ältere Männer haben einfach etwas ganz besonderes, jetzt weiß ich das!

Ja, und dann brachte er mich zu seiner Familie nach Marktoberdorf.

Die eine seiner Töchter, Gabi, ist ein Jahr älter als ich, die andere, Anette, ein Jahr jünger.

Wahrscheinlich war es für die beiden mindestens genauso merkwürdig wie für mich, der Freundin ihres Vaters gegenüberzutreten, die so alt ist wie sie selbst, aber dieses unbeschreibliche Glücksgefühl, das der Dieter ausstrahlte, konnten auch sie nicht übersehen.

Ich blieb von Freitag bis Sonntag bei ihm und als er mich wieder nach Augsburg zum Bahnhof brachte, flossen bei uns beiden die Tränen, aber dieses Mal war die Trennung ganz anders. Denn jetzt wussten wir, dass wir uns wieder sehen würden.

Immer und immer wieder!

Als er das erste Mal zu mir zu Besuch kam, warteten wir alle vier, Kind, Kater, die Mama und ich, am Küchenfenster auf ihn. Und als er dann um die Ecke gefahren kam, rief der Michi so laut »Der Dieter!«, dass der Mitch vor Schreck vom Fensterbrett plumpste.

Meine Familie hatte meinen Dieter ganz schnell ins Herz geschlossen. Denn die Veränderung, die seine Liebe bei mir ausgelöst hatte, war niemandem entgangen.

Ich war von klein auf immer jemand gewesen, die gerne im Mittelpunkt stand. Bei allem dabei, nie um eine Antwort verlegen, immer Freunde oder Freundinnen an der Seite.

Die zunehmende sichtbare Behinderung, an der die MS ja ursächlich schuld war, hatte mich schon in ein Schneckenhaus hinein schlüpfen lassen. Das ist wie bei den Einsiedlerkrebsen, die ihren weichen Hinterleib durch so ein Schneckenhaus schützen.

Wenn man sich abkapselt, kann einem niemand weh tun.

Gefallen hatte ich mir nie in der Rolle der Einsiedlerkrebsin, aber das, was der Larry aus mir gemacht hatte, war ein klägliches Häuflein Elend gewesen, das ohne den Dieter vielleicht nie mehr wieder, bestimmt aber nicht für eine sehr lange Zeit, zu neuem Glanz erstanden wäre.

Nicht nur, dass es ihm nichts ausmachte, eine Freundin im Rolli zu haben, er gab mir das Gefühl – und gibt es mir immer noch – einzigartig zu sein.

Jetzt stand ich wieder im Mittelpunkt, in seinem Mittelpunkt, und das machte Lust darauf, wieder einen weiten Horizont zu bekommen.

Und jetzt fragen Sie sich natürlich zurecht, wer ist dieser Mann, der so etwas bewirken kann?

Also, kleiner Exkurs, das ist mein Dieter.
Geboren wurde er 1936 in Berlin Spandau.

Seinen Vater zog man 1939 zum Kriegsdienst ein und 1943 ging seine Mutter mit ihm und seinem älteren Bruder nach dem ersten großen Bombenangriff aus Berlin fort nach Ostrach im Schwäbischen, wo ihre Schwester lebte. Dort wuchs er auf, ging zur Schule und bestritt ein für die damalige Zeit ganz normales Leben ohne viel Geld, dafür aber mit selbst für ein Kind viel Arbeit und wenig Familiensinn.

Nach Abschluss der Hauptschule musste er in Konstanz eine Bäckerlehre machen, obwohl er nie ein Bäcker werden wollte, sondern immer schon Konditor, so wie sein Vater. Aber danach hatte damals niemand gefragt.

Als er mit der Lehre fertig war, arbeitete er drei Jahre lang als Bäcker Gehilfe im elterlichen Geschäft in Burladingen, einem Kaff – das sagt er, nicht ich – in der Nähe von Sigmaringen.

Aber drei Jahre waren das höchste der Gefühle und dann schaffte er es doch sich abzunabeln und lernte endlich das, was er immer sein wollte, nämlich Konditor.

Die Prüfung zum Zuckerbäcker mit Erfolg bestanden, eine Arbeitsstelle mit Familienanschluss in der Nähe von Illertissen, eigentlich alles, was das Herz begehren könnte. Und doch zog es ihn hinaus in die Fremde.

Rasthaus im Spessart, Casino Travemünde, Flughafen Frankfurt, Hotel Bellevue in Interlaken in der Schweiz. Dabei arbeitete er sich hoch vom Konditorgehilfen bis zum Chefpatissier im Grandhotel Axelmannstein in Bad Reichenhall.

Richtig sesshaft wäre er wohl nirgendwo geworden, so sagt er selbst, doch dann ereilte ihn ein Schicksal, das so manchen jungen Wanderer irgendwo festnagelt, die Freundin wurde schwanger.

Die Margret und er heirateten im Mai 1963, im November kam die Gabi zur Welt.

Jetzt sollte man eigentlich meinen, dass der Mensch endlich sesshaft wird, aber dem war ganz und gar nicht so. Ein Wochenendpapa halt, er im Schlosshotel Hugenpoett in Kettwig bei Essen, die Familie in Bad Reichenhall.

Aber bald wollten die Mädchen, Anette war im Oktober 1965 zur Welt gekommen, den Papa immer in ihrer Nähe haben und in Berchtsgaden wurde in einem Café ein Konditor gesucht, das war eine günstige Gelegenheit, die Familie wieder an einem Standort zusammen zu bringen.

Von dort aus besuchte der Dieter 1972 die Meisterschule in Braunschweig und machte da in Rekordzeit seinen Meister.

Irgendwann hatte sich Margrets Ehrgeiz dann durchgesetzt und die beiden machten sich 1976 mit der Eröffnung des Café Greinwald in Marktoberdorf selbständig.

Seine Frau, gelernte Köchin, muss ein absolutes Arbeitstier gewesen sein, dabei war sie nicht gesund, sie hatte es am Herzen. Trotzdem musste das Café auch abends offen sein und wenn jemand um 10 Uhr einen Eisbecher bestellte, dann wurden die Mädchen aus dem Bett geholt und eingespannt.

Margret starb im Oktober 1979 an akutem Herzversagen und dann ging beim Dieter alles den Bach hinunter.

Er selbst hatte immer wieder Probleme beim Laufen, manchmal fielen ihm Sachen einfach aus den Händen, er musste viel Zeit in Krankenhäusern verbringen.

1982 bekam er dann die Diagnose MS.

Er hatte zwar keine Schübe, sein Verlauf war von Anfang an chronisch progredient, aber der Stress und die Arbeit, die ein eigenes Geschäft nun einmal mit sich bringen, waren auf Dauer gesehen einfach zu viel.

Sein Gesundheitszustand verschlechterte sich schleichend immer weiter, bis er dann einfach nicht mehr konnte.

Im Januar 1984 blieb ihm dann nichts anderes übrig als Konkurs anzumelden.

Alles weg, alles verloren, wofür man jahrelang gerackert und geschuftet hat, was man sich mühevoll aufgebaut hat und was einem so viel bedeutet.

Aber Gabi und Anette, die standen zu ihrem Vater, gaben ihm Halt und den Mut, in all der Ausweglosigkeit und Dunkelheit weiter zu machen und auf den Lichtstreifen am Horizont zu warten, der doch irgendwann kommen musste.

Gerade in einer relativ überschaubaren Gemeinde wie Marktoberdorf muss es besonders schwer sein, wenn man von der öffentlichen Person, die man als Gastronom nun einmal ist, in eine gewisse Anonymität verschwinden möchte.

Dieter hatte sich sogar einen Bart wachsen lassen, um wenigstens sein äußeres Erscheinungsbild zu verändern.

Aufgefangen hat ihn damals auch die Bezirksstelle Schwaben der Deutschen Multiple Sklerose Gesellschaft mit ihren Mitarbeiterinnen. Er avancierte im Laufe der Zeit sogar zum Leiter der MS-Selbsthilfegruppe in Marktoberdorf und das hatte er bis Anfang der 90er Jahre mit Hingabe gemacht.

Und auch die Mitglieder seines Skatclubs, in dem er sich als Kassenwart engagierte, gaben ihm das Gefühl, gebraucht zu werden.

Er hatte gar nicht die Gelegenheit bekommen, anonym zu werden, und er sagt, das war auch gut so. Denn er war von Anfang an als behinderter Mensch im Mittelpunkt gestanden. Betroffen ist bei ihm die rechte Körperhälfte, seine rechte Hand ist spastisch gelähmt und das rechte Bein will nicht mehr richtig laufen. Deshalb brauchte er schon immer einen Elektrorolli für längere Strecken, ansonsten ist er ein Kurzstreckenläufer mit Rollator oder Unterarm Gehstützen.

Der Dieter macht immer alles mit links, im wahrsten Sinne des Wortes!

Oft, wenn wir uns so über seine Vergangenheit unterhalten, dann denke ich mir, es ist schon erstaunlich, dass ein Mensch, der so viel Schlimmes erleben musste, trotzdem so gelassen und zufrieden, ja sogar glücklich sein kann.

Und wenn ich mich selbst als Stehaufmännchen bezeichne, dann ist der Dieter ein ausgewachsener Stehaufmann, von dem nicht nur ich etwas lernen kann.

So, jetzt kennen Sie den Mann, den ich liebe, ein bisschen näher und ich kann wieder zurück in die Zeit, als unser zartes Pflänzchen am Wurzeln schlagen und wachsen war.

Unser beider Telefonrechnungen waren damals in astronomische Höhen gestiegen und im Mai 1997 blieb der Dieter dann endgültig bei mir.
 Er riss seine Mauern im Allgäu ab, ließ alles liegen und stehen, um mit mir ein neues Leben zu beginnen.
 Ich denke oft darüber nach, wie viel ich ihm bedeuten muss, weil er alles aufgegeben hat, was ihm in den letzten zwanzig Jahren dort lieb geworden ist.
 Sehr bodenständig war er nie gewesen, das zeigt allein schon sein topografischer Lebenslauf. Auch die Töchter sind erwachsen und gehen eigene Wege, aber trotzdem.
 Mit 60 setzen sich die meisten Leute zur Ruhe und fangen nicht noch einen neuen Lebensabschnitt an. Mein Dieter ist da anders, und das bedeutet mir so viel.

Und den Zeitpunkt hätte er nicht besser wählen können.
 1997 war ein Schrottjahr für mich.
 Zuerst die Scheidung, wobei die noch das kleinere Übel war, doch dann starb im Dezember meine Mama an Krebs, was für sie gnädig, für uns alle aber unfassbar war.
 Die leere Stelle, an der sie gestanden war, wird für mich niemand je füllen können.
 Ja, und dann war es bald an der Zeit, dass der Dieter und ich unser »gschlampertes Verhältnis« beenden und Nägel mit Köpfen machen wollten.

Als wir dem Michi sagten, dass wir heiraten möchten, fing er plötzlich an zu weinen.

»Aber warum weinst du denn, mein Spatz, du magst den Dieter doch«, fragte ich ihn ganz verunsichert.

»Freilich mag ich den Dieter, sogar sehr gern, aber eine Frau heißt doch immer so wie ihr Mann und dann heißt du nicht mehr so wie ich.«

Und damit war der Doppelname geboren. Nach links heiße ich Collins für meinen Michi und nach rechts Gerlach für meinen Dieter.

Unsere Hochzeit war wunderschön, aber schon auch ein bisschen außergewöhnlich, denn so ein Rollipärchen hat das Bamberger Standesamt bestimmt noch nicht oft gesehen.

Und geflittert haben wir am Starnberger See in unserer Klinik.

Aber die allergrößte Freude hatten wir mit unserer Heirat dem Pater Raphael gemacht, ohne dessen weisen Rat wir vielleicht niemals zusammen gekommen wären.

Obwohl das Schicksal, oder besser ein paar ganz Weitsichtige von da droben über uns gewaltig die Finger mit im Spiel hatten.

Der Dieter ging schon zum achten Mal in diese Klinik, immer auf die gleiche Station, ich wurde da einfach hin geschickt.

Er ging normalerweise immer schon im Januar, konnte das aber in jenem Jahr nicht, weil seine Tochter Anette und ihr

Mann Horst zu der Zeit in Thailand weilten und er sich um Haus und Hund kümmern musste.

Wir wären uns nie begegnet, hätten uns nie gefunden.

Und nun sind wir seit sieben Jahren eine glückliche Familie, wenn auch eine ungewöhnliche.

Wir kleben zwangsweise ständig aneinander, damit meine ich, dass wir eben einfach viel Zeit miteinander verbringen. Schließlich sind wir beide Rentner, die haben zwar nie Zeit, sagt man zumindest, aber wenn einem der andere so wichtig ist?

Was uns auch etwas ungewöhnlich macht, lässt sich am besten mit dem Ausdruck Patchwork Familie umschreiben.

Wir lieben es, unsere durchaus komplizierten Verwandtschaftsverhältnisse genau zu analysieren.

Vor kurzem hatten wir Besuch von Dieters Bruder Herbert und seinem Enkel Marcel. Dieter ist Marcels Großonkel, ich bin seine Großtante, der Michi ist sein Großcousin, das ist so etwas wie ein Onkel, er ist aber jünger.

Die eine meine Stieftöchter, Anette, ist wenigstens noch jünger als ich, wenn auch nicht viel, ihr Mann Horst, mein Stiefschwiegersohn, ist Michis Stiefschwager. Dabei bestehen wir alle ausdrücklich auf dem Attribut Stief, wir wollen dem nämlich seinen negativen Beigeschmack nehmen. Wir verstehen uns alle prächtig, wenn wir uns auch auf Grund der räumlichen Distanz nicht so häufig sehen. Aber gelegentliche Besuche sind immer drin und immer schön.

Und nachdem mein Papa vor vier Jahren wieder geheiratet hat, hat der Michi in der Erna sogar eine Stiefgroßmutter, und damit kann nun wirklich nicht jedes Kind aufwarten.

Was brauchen wir teuere Hobbys zur Selbstverwirklichung?
Unser schönstes Hobby ist unser Kind und dann kommen gleich wir selbst.
Es genügt oft nur ein Blick um zu spüren, was der andere gerade braucht, was ihm fehlt und dann reicht manchmal schon ein Küsschen, damit der Motor wieder läuft.
Ich habe nie zu den Menschen gehört, die ständig »warum ich« fragen, aber den Sinn meiner MS habe ich trotzdem begriffen.
Die ganz große Liebe meines Lebens, meinen Dieter, habe ich durch sie gefunden – und beide gebe ich gewiss nicht wieder her, für nichts in der Welt.

Die Arge

Arge steht für Arbeitsgemeinschaft Bamberger Selbsthilfegruppen chronisch kranker und behinderter Menschen e.V.
Zur Arge gekommen bin ich ganz unbedarft und ohne jegliche Absicht.
Mein Mann und ich wollten im Mai '99 eigentlich nur zu einem Gottesdienst für behinderte Menschen gehen, der einmal im Jahr von der Arge gestaltet wird, aber dann bin ich dort hängen geblieben.

Im Jahr 1992 war die Zeit für unsere Stadt offenbar wirklich gekommen, welche die Gründung einer solchen Gemeinschaft rechtfertigte.

Die Idee dazu hatte schon lange im Kopf unserer ersten Vorsitzenden, Jutta Sturm-Heidler, herumgespukt, so sagt sie selbst. Als Juristin und Leiterin eines MS-Stammtisches ist sie ohnehin für so eine Aufgabe geradezu prädestiniert.

Sie hatte auch gar nicht lange nach Mitstreitern für dieses Projekt suchen müssen, da haben wohl einige Leute förmlich darauf gewartet, dass eine wie sie die Initiative ergreift.

Am Anfang bestand die Arge aus fünf Selbsthilfegruppen körperbehinderter Menschen, die durch ihre Vorsitzenden vertreten werden, und dann kamen immer mehr dazu, bis es bald zehn Gruppen waren.

Im letzten Jahr erweiterte sich das illustre Völkchen noch um sinnesbehinderte Menschen wie Blinde und Gehörlose. Illuster schon alleine dann, wenn man unserem Gebärden Dolmetscher bei seinem Gefuchtel zuschaut. Und der Mann ist wirklich gut. Bei unserer Jubiläumsfeier zum zehnjährigen Bestehen der Arge hat er sogar die Musik des Klaviertrios gedolmetscht. Es war einfach schön, das zu sehen.

Ziele der Arge sind eine verbesserte Berücksichtigung der Interessen behinderter Menschen im kommunalen Umfeld und die Durchsetzung von Barriere Freiheit auf allen Ebenen.

Wir sind ehrenamtlich tätig und sind eine der zwei kommunalen Vereinigungen dieser Art, welche die LAGH, die Landesarbeitsgemeinschaft Hilfe für Behinderte in Bayern e.V. als Mitglied aufgenommen hat.

Die Leiter unserer Selbsthilfegruppen sind zum Teil selbst betroffen.

Zum einen unterstreicht dies die persönliche Nähe zu jedem einzelnen Gruppenmitglied und seinem Handicap, zum anderen, und das ist für Außenstehende oft schwer zu verstehen, bedeutet das die Aufwendung eines enormen Kraftaktes.

Ein Gruppenleiter, dem sein eigener Körper Grenzen aufzeigt, erkennt sehr schnell, wenn und wo es bei einem seiner Grüpplinge zwickt und dann kann der auf den richtigen Weg geschickt werden.

Denn die Dachverbände, die hinter unseren Gruppen stehen, sind enorm wichtig und machen sich für uns stark, was oft bitter nötig ist. Uns fehlt die Lobby, die den Gesetzgeber dazu zwingen könnte, unsere Interessen durchzusetzen. Und das sind Interessen, die nicht einmal jemand anderen weh tun würden, im Gegenteil.

Alles, was uns behinderten Menschen hilft, unser öffentliches Leben so hindernislos wie möglich zu gestalten, ist nutzbar für alle Leute.

Und am meisten profitieren immer Mütter mit Kinderwägen von Barriere freien Gegebenheiten, denn die haben überhaupt keine Lobby.

Warum ist Selbsthilfe so wichtig?

Das sagt eigentlich schon der Name – Selbsthilfe. Wir müssen unser eigenes Schicksal am Schopf packen, sonst tut es keiner.

Und woran liegt das?

Ich weiß, es werden immer dieselben Sprüche gedroschen

und man kann es schon bald nicht mehr hören, aber es ist nun einmal eine Tatsache, dass unsere Nation sich immer noch mit ihren braunen Vergangenheit auseinander setzen muss.

Wir hinken da den skandinavischen und vor allem den angloamerikanischen Ländern schwer hinterher.

In den USA gibt es seit 1992 einen Anti Discrimination Act, ein Antidiskriminierungsgesetz, das es verbietet, einen Menschen auf Grund seiner Behinderung zu benachteiligen. In Deutschland trat am 1. August 2003 das Gleichstellungsgesetz in Kraft, was man zumindest als eine Art Vorstufe bezeichnen kann. An der Umsetzung hapert es oft noch, aber gehen wir einmal davon aus, dass die ja noch üben, die Obrigkeiten.

Ganz im Ernst, man sollte nicht mehr damit rechnen müssen, dass es nach den Gleichstellungsgesetzen des Bundes und des Freistaates Bayern, die eine gleichberechtigte Teilhabe behinderter Bürger sicherstellen sollen, immer wieder zu Vorfällen kommt, die diesem Gesetz nicht entsprechen.

So richtig fasziniert hat es mich, was sich auf diesem Gebiet in England tut.

Natürlich ist alles immer noch leckerer, wenn man einen persönlichen Bezug zu einer Sache hat und den habe ich.

Bambergs Partnerstadt in England ist Bedford, eine hübsche kleine Stadt im Südosten Englands, die ich im Rahmen eines Schüleraustausches auch schon selbst besucht hatte. Der Behindertenbeauftragte von Bedford ist wiederum ein persönlicher Bekannter meiner ersten Vorsitzenden, Jutta Sturm-Heidler.

Es fängt schon an bei der Wortwahl im Englischen.

Da heißen die Selbsthilfegruppen nämlich Access Groups, also wörtlich übersetzt Zugangsgruppen und der Behindertenbeauftragte ist dann natürlich der Access Officer.

Das klingt doch schon ganz anders.

Und manchmal kann ich wirklich nur noch den Kopf schütteln, wenn ich ernsthaft über gewisse Dinge so nachdenke. Die deutsche Sprache kommt ohne englische Ausdrücke schon gar nicht mehr klar, wer sagt denn heutzutage noch Wohlfühl-Urlaub oder womöglich gar sich verwöhnen lassen oder genießen. Das heißt jetzt Wellness.

Und noch witziger finde ich den Ausdruck Convenience Food, früher waren das Fertiggerichte.

Aber statt Behinderung Handicap zu sagen, so weit sind wir Deutschen einfach noch nicht.

Lieber gehen wir zu einem Event und geben dann ein Feedback.

Ja, und nun unterhalte ich mich vor kurzem mit meiner ersten Vorsitzenden über den Herrn Access Officer und da sagt sie doch, dass dieser bald in Pension ginge und seine Stelle dann nicht mehr besetzt würde. Zuerst war ich ganz bestürzt, weil ich eigentlich gedacht hatte, in England sieht es ganz anders aus für Menschen mit Behinderungen als bei uns.

Aber jetzt kommt es. Es ist nicht mehr nötig für die Stadt Bedford, das Amt des Behindertenbeauftragten neu zu besetzen, weil alles dort dauerhaft so geregelt ist, dass dafür kein offizieller Beamter mehr gebraucht wird.

Ein traumhafter Zustand, aber vielleicht erreichen wir so etwas ja auch einmal?

Selbsthilfe, also eminent wichtig in diesem unserem Lande.
Und für die Menschen in den Gruppen einfach auch schön. Denn was dort alles gemacht wird, von Ausflügen über Feste und Feiern bis hin zu organisierten Urlaubsreisen, sind die Dinge, welche die Leute auf sich alleine gestellt nicht mehr machen können.
Jedem der sich engagiert für geistig, körperlich, psychisch oder sinnesbehinderte Menschen, dem gebührt meine allergrößte Hochachtung. Denn nur so kann es möglich werden, die Benachteiligung dieser Menschen zumindest ein bisschen zu lindern. Ganz ausgleichen kann das niemand, aber die Arbeit und die Hingabe unserer Gruppenleiter machen das Leben ihrer Schutzbefohlenen leichter und so viel schöner.

Die Arbeit in der Arge, vor allem der ständige Kampf um finanzielle Mittel und das Verständnis für die Bedürfnisse der Randgruppe behinderte Menschen in unserer Gesellschaft, ist oft ermüdend und frustrierend, aber immer, wenn wir wieder etwas erreicht haben, kann man das durchaus als Etappen Sieg ansehen.
In den zwölf Jahren seit Bestehen der Arge wurden einige solcher Siege erreicht, wenn auch mancher einen bitteren Beigeschmack hat.
In der Bamberger Fußgängerzone existiert zum Beispiel ein von der Arge erkämpfter zwei Meter breiter Streifen aus gesägtem Granit, der das dortige Kopfsteinpflaster ungemein

entschärft. Jetzt stellen Sie sich einmal vor, Sie möchten durch die Fußgängerzone spazieren. Dabei müssen Sie nicht einmal im Rollstuhl sitzen, eine leichte Gehbehinderung oder alte Beine, die ihr ganzes Leben lang über alles Mögliche gestolpert sind, reichen da auch schon. Der Streifen jedenfalls ermöglicht es, ohne Probleme und ohne Gefahren so dahin zu laufen. Und rein optisch fällt er nicht einmal unangenehm gegen das übliche Kopfsteinpflaster auf.

Aber genau das ist oft seine Krux.

Es stehen immer wieder die Auslagen oder die Werbeständer der anliegenden Geschäfte genau so auf dem Streifen, dass er nicht benutzbar sein kann. Mittlerweile sind unsere Stadtväter aber schon so Streifen sensibel, dass sie selbst das Ordnungsamt auf mögliche Missetäter angesetzt haben. Wer erwischt wird, läuft Gefahr sein Sondernutzungsrecht für Stellflächen in der Fußgängerzone zu verlieren. Das hat sich auch unter den Geschäftsleuten herumgesprochen, denn eigentlich ist der Weg jetzt immer frei. Wenn nicht, genügt es auch schon, mal kurz in den Laden hinein zu fahren und leise das Wort »Ordnungsstrafe« zu flüstern. Dann rennen sie und räumen alles, was herumsteht, ganz schnell und ganz ordentlich wieder weg, aber nie, ohne sich vorher noch für die entstandenen Umstände zu entschuldigen. Allerdings ist es auch schon vorgekommen, dass sobald der Monierende um die nächste Ecke herum verschwunden war, die Ständer auch sofort wieder dort standen. Dann darf einem halt der Geduldsfaden nicht gleich reißen, man sollte auch keine bösen Gedanken hegen, Geschäftsinhaber sind ja auch nur Menschen!

Dieser Aspekt des Streifens ist ja noch recht lustig, aber es gibt da auch ganz andere.

Großveranstaltungen in der Fußgängerzone wie ein Antiktrödelmarkt, der unbestritten einen enormen Anziehungswert für die Stadt hat, sollten eigentlich für alle Bürger, die sich für so etwas interessieren, ohne Probleme zu besuchen sein. Doch schon bei den Verhandlungen im Vorfeld des Antiktrödelmarktes hatten sich die Veranstalter hartnäckig geweigert, den mit einem Fußgänger freundlichen Belag versehenen Streifen von Ständen freizuhalten. Zusätzliche alternative Stellflächen, welche die Stadt anbot, wurden abgelehnt. Der Hinweis darauf, dass der vor Jahren verlegte Streifen sowohl für alle, die nicht so gut zu Fuß sind, also auch für ältere Menschen oder für Familien mit Kinderwägen eine wichtige Erleichterung darstellt und zudem für Rollstuhlfahrer die einzig zumutbare Möglichkeit ist, die Fußgängerzone zu nutzen, ließ die Veranstalter unberührt!

Dieser ganze Vorgang war mehr als unschön und hat nicht nur mir gänzlich die Lust genommen, das Spektakel anzuschauen.

Dabei wäre das alles nicht nötig, wenn die gesamte Fußgängerzone mit einem vernünftigen Pflaster ausgestattet wäre. Aber dann kommt wieder der Denkmalschutz und protestiert, was ich persönlich überhaupt nicht nachvollziehen kann. Wahrscheinlich verstehe ich es nicht, weil ich nicht vom Fach bin. Wieso dann aber andere Städte, die sich auch mit einem historischen Stadtkern schmücken können, Fußgängerzonen haben, die völlig problemlos zu berollen sind und dabei auch noch schön aussehen, da fehlt es mir dann komplett am Verständnis.

Ergo – solange unsere Fußgängerzone nicht insgesamt über ein Pflaster verfügt, das es allen Bürgern ermöglicht sie zu nutzen, hat unsere Stadtverwaltung die Verpflichtung dafür zu sorgen, dass zumindest besagter Streifen ausnahmslos freigehalten wird.

Noch ist da bei mir der Wunsch der Vater des Gedanken, aber was nicht ist, kann ja vielleicht mal werden!

Ein anderes unserer Großprojekte – und das ist wirklich ein großes Projekt – ist ein Barriere freier Toilettencontainer.

Eigentlich ist er mein Baby und um das zu erklären, muss ich ziemlich weit ausholen.

Einmal im Jahr findet bei uns in der Innenstadt ein Straßenfest statt und es gehört irgendwie zum guten Ton, dass man sich dort mal blicken lässt. Vor fünf Jahren, der Michi war noch im Spielmobil tauglichen Alter, rollten wir also auch dorthin, um einen netten Nachmittag zu haben. Während wir unserem Kind so beim Spielen zuschauten, verteilte eine Frau an herumstehende oder gehende Damen gelbe Rosen. Sie war ganze vier mal an mir vorbeigegangen, aber eine Rose hatte ich von ihr nicht bekommen.

Na, und über so etwas ärgere ich mich zuerst, dann schlafe ich einmal darüber und dann artikuliere ich mich in Form eines Leserbriefes.

Dieser war ein bisschen süffisant sarkastisch und endete mit dem Satz, dass Rollstuhlfahrer, womöglich noch mit Rosen auf dem Schoß, in der Austraße wohl nicht erwünscht sind.

Am selben Tag, an dem mein Leserbrief in unserer Zeitung erschienen war, bekam ich einen Anruf von einem empörten Herrn, der gar nicht fassen konnte, was mir bei diesem Straßenfest da widerfahren war. Er bat mich darum, mich besuchen zu dürfen, weil er mir persönlich etwas erklären wollte.

Eine halbe Stunde später war er da, der nette Herr, und es stellte sich heraus, dass er der Bezirksleiter eines namhaften Versicherungsunternehmens war. Er wollte mir mitnichten etwa eine Versicherung verkaufen, er war einfach so betroffen von der Art und Weise wie mit mir als einem behinderten Menschen umgegangen worden war, dass er für unsere Gruppierung einfach etwas tun wollte.

Ihm schwebte so eine Art bunter Nachmittag mit Kaffee und Kuchen in seiner neu eröffneten Bezirksfiliale in Baunach in der Nähe von Bamberg für eine Gruppe von Rollifahrern vor.

Ich fand es bemerkenswert, dass er nicht nur einfach seine Empörung zum Ausdruck brachte, sondern dass er wirklich etwas für uns rollende Leute tun wollte.

Und so ein Kaffeeklatsch wäre auch bestimmt schön gewesen, aber dann ist mir gleich wieder das Ding mit der Toilette eingefallen, denn der beste Kaffee schmeckt mir nicht, wenn ich von vornherein weiß, ich kann ihn nicht wieder loswerden, wenn ich das müsste.

Diese Problematik hat der Herr auch voll verstanden und

dann meinte er, er könne doch einen Toilettenwagen mieten, der für Rollifahrer zugänglich ist.

»Das wäre ganz toll, wenn wir so etwas bei uns hier in Bamberg auch hätten,« erwiderte ich und das Bedauern in meiner Stimme muss er deutlich gehört haben.

»Da muss man etwas machen,« sinnierte er so in sich hinein. »Da werde ich etwas machen!«

Und damit war die Idee des Barriere freien WC-Containers geboren.

Ja, und jetzt legte er los, der gute Mann.

Zur Einweihung seiner neuen Bezirksfiliale verzichtete er auf alle Geschenke und erbat sich stattdessen von all seinen Gästen Geldpräsente. Er ging zum Spenden sammeln in seiner Versicherungsagentur herum, er leerte sogar den Kirschbaum in seinem Garten ab, stellte sich mit den Kirschen auf einen Parkplatz an der Landstraße, verkaufte sie für den guten Zweck und hatte seine Spendenliste natürlich auch dabei.

Nach vier Wochen überreichte er uns einen Scheck über 10.000 DM, den Grundstein des Projektes Toilettencontainer.

Und ich bekam einen wunderschönen Blumenstrauß von ihm, über und über voll mit gelben Rosen.

Jetzt lag es also an uns, die Idee Wirklichkeit werden zu lassen.

Ein enormer logistischer Aufwand, was uns am Anfang gar nicht so richtig klar war. Wobei das eigentlich wieder gut war, denn wenn wir gewusst hätten, was da auf uns zukommt, hätten wir es wahrscheinlich gar nicht angepackt.

Als erstes gründeten wir einen Arbeitskreis und dann fuhren wir zweigleisig weiter.

Zum guten Glück ist der Leiter der Selbsthilfegruppe Morbus Bechterew Architekt, also hatten wir einen Mann vom Fach, was die Planung des Containers an sich anbelangte.

Wesentlich schwieriger wurde es bei den Finanzen.

Wir starteten eine Spendenaktion, wir machten die Thematik publik, was im Klartext heißt, dass das Thema Klo bei uns immer und überall im Vordergrund stand.

Drei weitere Großspender und ganz, ganz viele Menschen, denen es einleuchtete, dass behinderte Menschen genau dasselbe müssen wie sie, wenn sie bei Open Air Veranstaltungen etwas trinken, machten es in gut zwei Jahren möglich, die Finanzierung des Containers sicher zu stellen.

Und dabei spreche ich nicht von irgend einem Spaßbetrag, den man mal so nebenbei zusammen sammelt, sondern von 34.000 Euro. Allein das ist eine Leistung, die bemerkenswert sein sollte.

Dank unseres Architekten und den wertvollen Anregungen unserer Leute im Arbeitskreis konnten wir pünktlich zum Start der Saison 2002 das transportable Rolliklo präsentieren.

Wer nun aber glaubt, damit ist alles erledigt, nun hat unsere Stadt den ersehnten Barriere freien WC-Container, der hat weit gefehlt.

Es ist beschämend, was da alles abgelaufen ist und warum die Stadt den Container nicht unter ihre Fittiche nehmen kann oder will, aber ich darf das hier gar nicht allzu breit treten, selbst wenn ich es nur zu gerne täte, denn wir werden unsere Stadtväter und vor allem ihren guten Willen in Zukunft noch sehr in Anspruch nehmen müssen.

Lediglich die Unterbringung des Containers hat die Stadt dann doch noch übernommen.

Es hat uns viel Arbeit gemacht, bis wir die Abwicklung mit den Veranstaltern und den Transport des Containers sicherstellen konnten. Nach vielen Gesprächen haben sich hier schließlich BRK und THW bereiterklärt zu helfen. Alles andere, dazu gehören Wartung und vor allem die Werbung für seinen Einsatz, bleibt weiterhin der Arge überlassen. Noch ist ein Spendenüberschuss vorhanden, den wir auch auf Grund seiner Zweckgebundenheit für das Rolliklo verwenden müssen, aber wenn er aufgebraucht ist, dann werden wir eben wieder sammeln gehen.

Bei einer unsere letzten Sitzungen musste ich dann doch ein wenig sarkastisch werden, denn wenn die ganze Sache so weiterläuft wie bisher, dann wird das bisschen Geld, das noch da ist, für sehr lange Zeit reichen.

Im ersten Sommer wurde er zweimal gebucht, im zweiten immerhin schon dreimal, heuer aber wieder nur zweimal. Gäbe es für die Veranstalter eine Verpflichtung, Toiletten nicht nur für jedermann, sondern auch für die Minderheit behinderte Menschen zur Verfügung zu stellen, dann sähe die Sache sicherlich ganz anders aus.

Mit »ach, so was gibt es, haben wir nicht gewusst« oder »brauchen wir nicht, im Parkhaus in der Nähe ist doch eine Behinderten Toilette« ist das nicht zu entschuldigen. Oder glauben Sie im Ernst, jemand der dringend mal muss, würde fröhlich lächelnd los rennen und sich erst einmal irgendwo in der Umgegend nach einer Möglichkeit zur Erleichterung umschauen? Das wäre unzumutbar, nicht wahr, nur uns Leuten, die sich auch so schon in einem ständigen Kampf befinden um Dinge, die für jeden anderen völlig selbstverständlich sind, kann man die Suche nach dem passenden Örtchen doch nun wirklich zutrauen.

Ich werde schon wieder sarkastisch, merke ich gerade, aber das passiert mir öfters gerade bei diesem Thema, was eigentlich zum natürlichsten auf dieser Welt gehört, worüber aber niemand so wirklich sprechen will.

Bei uns ist und bleibt es jedenfalls ein Dauerbrenner.

Viele der Dinge, für die wir in der Arge streiten, sind für gesunde Menschen selbstverständlich, für uns aber haben sie eine ganz andere Bedeutung. Die Möglichkeit zu erhalten, ohne großes Brimborium am öffentlichen Leben teilzunehmen, heißt für einen sonst immer außenstehenden Menschen, plötzlich im Kreis aller aufgenommen zu sein. Für viele ist das komplettes Neuland, auch immer noch für viele sogenannte gesunde Menschen. Die Konfrontation mit Leuten, die nicht so ganz in das Bild unserer Spaßgesellschaft passen, ist für einige, zum Glück aber immer wenigere, oft ziemlich heikel. Wir werden aber immer normaler, und das hat viel mit der Arbeit der Arge zu tun.

Und gerade die Öffentlichkeitsarbeit, die wir leisten, ist enorm wichtig. Dazu gehört in erster Linie, den Leuten klar zu machen, dass allein der Körper eines chronisch kranken Menschen anders reagiert als der eines gesunden.

Es werden immer wieder und bei allen möglichen Gelegenheiten Workshops angeboten, bei denen man einen Rollstuhl Parcour absolvieren kann, um einmal auszuprobieren wie es sich anfühlt, wenn jemand auf einen Rolli angewiesen ist. Das ist auch alles wunderbar und das Engagement der Leute, die so etwas organisieren, ist sicherlich lobenswert, doch es macht sich niemand klar, was es bedeutet, in so einem nicht perfekten Körper auch tatsächlich drin zu stecken.

Ich werde auch oft für die Gelassenheit bewundert, mit der ich mein Schicksal zu meistern scheine und das liegt sicherlich auch an meiner persönlichen Zustandskarriere. Von der völlig gesund erscheinenden Läuferin über die eingehängt am Arm meiner Schwester halb Europa Erkundende, dann zuerst nur für längere Strecken den Rolli Benutzende bis hin zur Vollzeitrollifahrerin, sind ja auch ein paar Jahre ins Land gegangen. So gesehen hatte ich nun wirklich genug Zeit gehabt, da hinein zu wachsen, aber dennoch.
Es sollte sich kein nicht kranker Mensch anmaßen, ein Urteil abzugeben über Dinge, die uns behinderte Menschen betreffen.
Und um das sicherzustellen gibt es bei uns die Arge.

Im Oktober 2004 hat die Arge dank der Hartnäckigkeit unserer ersten Vorsitzenden einen echten Meilenstein gesetzt mit der Gründung des Städtischen Beirats für Menschen mit Behinderungen, der uns fest im kommunalen Gefüge der Stadt Bamberg verankert. Und ich persönlich bin einfach stolz darauf, dass ich im Rahmen des BMB mich dafür einsetzen kann, die Begebenheiten für behinderte Menschen in unserer Stadt besser zu machen.

Seit vier Jahren bin ich Leiterin unseres Schulprojektes, das sich zur Aufgabe gemacht hat, die uns nachfolgende Generation, also die Erwachsenen von morgen, ein bisschen zu sensibilisieren.

Ich biete in diesem Rahmen Unterrichtsbesuche für alle Altersstufen an, von Kindergarten über Gymnasium bis hin zu berufsvorbereitenden Einrichtungen, denn die Thematik »Körperbehinderung« ist in den Lehrplänen verankert und lässt sich sicherlich am besten veranschaulichen, wenn man Berührungsängste abbaut und Betroffene zu Wort kommen lässt.

Kindheit und Schule sind das Alter und der Ort, wo heute geübt und gelernt wird, was morgen normal und selbstverständlich sein soll und auch kann. Darum ist es besonders wichtig, gerade hier mit der Aufklärungsarbeit zu beginnen, zwanglos behinderte Menschen und ihren Alltag kennen zu lernen und sich an die Normalität des Andersseins zu gewöhnen. Denn das Wissen vom Anderen überwindet Berührungsängste und bildet die Basis für gegenseitiges Verstehen.

Ganz wichtig ist es, gleich am Anfang eines Besuches diesen Damm der Berührungsangst bei den Schülern zu brechen, was auch ganz leicht geht, denn je jünger der Mensch ist desto einfacher scheint es für ihn zu sein den Zustand Behinderung bei jemand anderem zu akzeptieren und ihn trotzdem völlig normal zu sehen und auch so zu behandeln.

Ich bin und bleibe halt Lehrerin und wenn ich schon mal

so einen Haufen eine Stunde lang ganz für mich allein habe – noch dazu sind sie relativ ruhig und respektvoll, denn sie wurden bestimmt vorher von ihren Lehrern geimpft auch so zu sein – dann bricht einfach meine pädagogische Ader durch und ich zeige schon was ich drauf habe.

Wie erklärt man zum Beispiel MS? Es Medizinstudenten nahe zu bringen ist kein Kunststück, aber Schülern oder gar Kindergartenkindern?

Es ist gar nicht so schwer und ich brauche dazu nur den Akkustecker vom Gameboy meines Sohnes. Der Stecker symbolisiert das menschliche Gehirn, das Kabel ist ein Nerv. Nun hat das Kabel ein Loch, die Isolierung ist also unterbrochen, was passiert dann? Es gibt einen Kurzschluss und der Gameboy funktioniert nicht mehr. Genau dasselbe geschieht bei der MS, das Myellin, die Schutzschicht, die unsere Nerven ummantelt, wird zerstört und so kann der Befehl vom Gehirn nicht mehr an den Muskel weitergeleitet werden, es kommt zur Lähmung.

Eine andere Frage, die immer wieder gestellt wird ist, was ist eigentlich Spastik, ein Begriff, der von mir oft verwendet wird. Für mich etwas völlig Normales mit dem ich tagein tagaus zu kämpfen habe, für gesunde Menschen eine Unbekannte.

Anstatt jetzt umständlich zu erklären, was ein Muskel bei einem Spasmus macht, habe ich einfach in mein linkes Bein eine Spastik einschießen lassen, das Bein war gestreckt und dann habe ich einen kräftigen jungen Mann gebeten, mein Knie doch wieder anzuwinkeln. Er ist ganz schön ins Schwitzen gekommen, geschafft hat er es jedoch nicht. Ich zeigte dann einem der zarten Mädchen, welchen Punkt in meiner Kniekehle sie drücken musste und schon senkte sich mein Unterschenkel wie von Zauberhand gelenkt wieder herab. Das war ganz schön eindrucksvoll und auf alle Fälle besser als jede theoretische Erklärung.

Ich biete meine Unterrichtsbesuche an für die Fächer Sozialkunde, Religion und Ethik, Kunsterziehung und Deutsch mit ganz bestimmten Themen, die sinnvoll erscheinen.

Körperbehinderung und Familie, Kinder, Partner, da kann ich aus meinem eigenen Erfahrungsschatz schöpfen. Sozialisation in Kindergarten und Schule, beim Studium, in der Ausbildung, Ausgrenzung im öffentlichen Leben, Notwendigkeit von Öffentlichkeitsarbeit, von all dem kann ich Lieder mit vielen Strophen singen. Sprache und ihre Auswirkungen ist ein Thema, bei dem ich richtig aufblühe, denn gerade hier werden den Menschen Bilder suggeriert, die sich ins Unterbewusstsein einprägen und dort auch haften bleiben. Der Ausdruck »an den Rollstuhl gefesselt« macht mich jedes Mal wütend wenn ich ihn höre, denn er vermittelt das Bild, dass ein Mensch dazu gezwungen ist, sein Leben in passiver Untätigkeit zu fristen und nur dann etwas erleben darf, wenn jemand so nett ist seine Fesseln zu lösen und ihn mal kurz da raus zu holen.

Wir, also die Arge, wenden uns einmal jährlich an die Direktoren der Bamberger Gymnasien und erinnern sie an unser Angebot, das immer noch viel zu wenig angenommen wird.

Liegt es an unserer oberfränkischen Zähigkeit, die eine Flexibilität in der Unterrichtsgestaltung schwierig macht?

Ich kann mir fast keine anderen Gründe denken, warum ich nur sehr wenig an unseren Schulen eingesetzt werde. Wenn man mich ließe, käme ich viel öfter dorthin und die Erfahrung hat gezeigt, dass noch niemand von einem meiner Besuche enttäuscht gewesen wäre.

Alles was ich mit und in der Arge tue, bedeutet mir ganz schön viel, denn ich bin zu jung, um mein Rentnerinnendasein nur in meinen eigenen vier Wänden auszuleben.
Und meinen zwei Männern kann ich auch nicht ständig mit irgendwelchen Ideen auf die Nerven gehen.
Also bringe ich mich und meine Vorstellungen in der Arge ein und profitiere auch für mich selbst davon.
Und natürlich hat die Arge im Laufe der Jahre noch sehr viel mehr erstritten und erreicht. Alles das kann man auf unserer Homepage www.arge-bamberg.de finden, zusammen mit Informationen und Links zu allen möglichen Themen, die Menschen mit Behinderungen betreffen.
Einfach mal reinschauen, das lohnt sich!

Australien

Als ich fünfzehn war, hatte ich wie alle Teenager verrückte Träume.

Der größte und wahrscheinlich auch verrückteste war damals der von Australien.

Vielleicht weil es so weit weg ist, eine ganz andere Welt, für eine Fünfzehnjährige war es ja kaum vorstellbar, überhaupt einmal dort hin zu kommen.

Dann kam die MS-Diagnose und mein Traum musste in die aller hinterste Schublade meines Traumdepots wandern.

Aber ganz vergessen hatte ich ihn nie.

Meine Behinderung nahm allmählich zu und Australien spukte immer noch in meinem Kopf herum.

Ich bin für meine Schnapsideen berüchtigt und meine Familie ist einiges von mir gewöhnt, aber als ich mit einem Bildband ankam, auf dem vorne drauf der Ayers Rock abgebildet ist, schwanten sie Übles.

Mein Dieter macht alles mit, was ich so ausbaldowere und mein Michi sowieso, außerdem war er damals noch nicht in der Schule, das heißt, wir waren nicht von Ferien abhängig.

Jetzt brauchten wir natürlich noch jemanden, der mit uns reisen würde, denn zwei Rollifahrer und ein Kind allein in Australien wäre vielleicht nicht so gut gewesen. Aber wenn man einen innovativen Papa hat, der auch jeden Blödsinn mitmacht, dann ist das überhaupt kein Problem.

Natürlich muss man so eine Reise sehr gut planen, behindert oder nicht behindert. Schon die Reisezeit spielte eine große Rolle, denn in Australien sind die Jahreszeiten genau andersherum als bei uns. Und große Wärme oder gar feuchte Hitze sind Gift für MSler.

Also war am günstigsten Mai/Juni bei uns, dann ist es dort Spätherbst, ein sehr angenehmes Klima.

Die Organisation im vorhinein hat mir unheimlichen Spaß gemacht, aber so manche Dinge musste ich dann doch auf uns zukommen lassen.

Allerdings erhielten wir vom Australian Tourist Comittee in Frankfurt die Zusicherung, dass Australien für Reisende mit Handicap sehr gut geeignet sei.

Ich hatte mich schriftlich an diese Außenstelle der Aussies gewendet und in deren Antwortschreiben gefiel mir schon die Wortwahl sehr gut. Denn da war nicht von behinderten Touristen, sondern eben von Reisenden mit Handicap die Rede.

Also fassten wir tiefes Vertrauen in die Glaubwürdigkeit der Menschen von der anderen Seite der Welt und buchten meinen Traum.

Als unser Wahnwitz dann so langsam in meinem Bekanntenkreis ruchbar wurde, fragte mich eine Freundin zweifelnd, wie wir denn dahin kommen würden.

»Mit dem Flugzeug,« sagte ich.

»Und das geht?«, wollte sie ganz ungläubig von mir wissen.

»Nein, das fliegt,« antwortete ich und jetzt war sie glaube ich beleidigt.

Am 17. Mai '99 ging es dann aber endlich los.

Das Fliegen mit Quantas war eine unserer leichtesten Übungen.

Wir wurden immer vom Flughafenpersonal direkt an den Flugschalter gebracht, durften als erste boarden, wurden bis zum Flugzeug und dann mit Onboard-Rollis zu unseren Plätzen geschoben und auf die Sitze gehoben.

Das Ganze achtmal, denn Australien ist so groß, dass man dort von Ort zu Ort nur fliegen kann und jedes Mal war es ein schieres Vergnügen.

Viele Leute denken ja, dass behindert sein und Fliegen nicht zusammen geht, aber das stimmt nun wirklich nicht. Es ist viel leichter als manch einer denkt. Man muss es einfach nur mal selbst probieren!

Nach einem Stopover mit Übernachtung in Singapur, der einem 23-stündigen Flug einfach den Schrecken nimmt, landeten wir alle vier mehr oder weniger aufgeregt, ich geb's zu, ich am meisten, am 19. Mai nachmittags in Sydney.

Nun war schon die erste Hürde zu nehmen, der Transfer vom Flughafen zum Hotel. Kein Problem, denn in Australien gibt es sogenannte Maxitaxis, in die zwei Rollstühle, vier Personen und jede Menge Gepäck locker hinein passen.

Das Hotel in Sydney war auch okay, es gab zwar zum Restaurant ein paar Treppenstufen, aber immer wenn wir kamen, standen schon zwei kräftige junge Männer bereit und ich schwebte ins Lokal hinauf.

Was mich von Anfang an faszinierte, war die Art, wie die Australier mit behinderten Menschen umgehen, nämlich ganz normal. Es kam mir immer so vor, als sähen sie den Rolli nicht, sondern einfach jemanden, der halt zufällig nicht laufen kann.

Kein Mitleid im Blick, sondern ganz natürliche Hilfsbereitschaft, wie man sie jedem anderen gegenüber auch zeigt.

Anfangs habe ich auch immer noch umständlich versucht zu erklären, was wir jetzt gerne machen wollten, aber nach dem vierten »No problem« habe ich dann damit aufgehört und einfach gesagt, wonach mir der Sinn stand.

Sehr eindrucksvoll war das an der Oper in Sydney.

Da gehen ganz viele Treppenstufen hinauf und dann steht man direkt vor den riesigen Muschelschalen des Bauwerkes, von wo man einen tollen Ausblick über den gesamten Harbour hat.

Da wollte ich hinauf.

Wir trafen unten einen Mann in blauer Uniform, der mir recht offiziell aussah und den fragte ich, ob es eine Möglichkeit gibt, da hin zu kommen.

»No problem!«, sagte er und geleitete uns durch die Katakomben der Oper bis zu einem Personalaufzug. Er fuhr uns nach oben, führte uns wieder durch einen langen Gang und meinte dann, wenn wir wieder herunter wollen, sollen wir einfach Bescheid sagen.

Fantastisch, der Blick auf die Harbour Bridge und die Skyline von Sydney.

Und der Michi hatte auch seinen Spaß, denn die Architektur der Oper verführte eine ganze Menge Kinder dazu, die schrägen Steine als Rutschbahn zu missbrauchen.

Genau das gleiche Phänomen begegnete uns immer wieder, es gab nichts, das nicht ging.

Wir haben auch sehr bald verstanden, was die in Frankfurt mit dem Ausdruck Barriere Freiheit gemeint hatten. Die Bürgersteige sind an jeder Kreuzung abgesenkt, muss man irgendwo auf ein anderes Level hinauf oder hinunter, dann gibt es dort einen Aufzug, Bedienelemente selbstverständlich auf Rollihöhe, alle Verkehrsampeln sind Blinden gerecht.

Der Michi und ich fanden das sehr praktisch und haben auch gleich ein Spiel daraus gemacht. Man muss die Augen zumachen und auf den Piepton der Ampel hören. Wer dann als erster »los« ruft, hat gewonnen und bekommt einen Punkt.

Der Michi meinte, es wäre total gut, wenn wir das daheim auch hätten, bei jeder Ampel, das wäre so viel lustiger und auch recht günstig für blinde Menschen.

Spricht aus was viele denken, das Kind, aber so ist es halt nun mal, Kindermund tut Wahrheit kund.

Am nächsten Tag erkundeten wir den Darjeeling Harbour mit Meeresaquarium und AMP-Tower. Das ist ein Turm so ähnlich wie der Münchner Olympiaturm.

Es gibt dort mehrere Aufzüge, die nach oben führen und es wartete schon eine ganze Menge Leute, die hinauf wollten. Und dann geschah wieder etwas Bemerkenswertes, ein Mann rief »wheelies« die Kurzform von wheelchairs, also Rollis – die Menge teilte sich wie weiland die Wasser des Roten Meeres für Moses und wir konnten in den nächsten Aufzug einsteigen. Wir hätten selbstverständlich gewartet bis wir an der Reihe waren, aber dann wären die netten Menschen vielleicht gekränkt gewesen, wenn wir ihr Angebot ignoriert hätten und das wollten wir nun ganz bestimmt nicht.

Und es war richtig schön dort oben, wir konnten die Oper, die Harbour Bridge, die ganze wunderschöne City von Sydney betrachten ohne groß herum zu laufen, denn dieser Teil des Turmes dreht sich langsam.

Wir haben dann auch gleich überlegt, was wir uns alles noch in dieser Stadt anschauen wollten und der Michi hat sogar einen Spielplatz entdeckt, da mussten wir natürlich hin.

Das Meerwasseraquarium, das wir danach besuchten, hat uns alle vier fasziniert. Delfine, Mantarochen und Haie schwammen über unseren Köpfen hinweg, weil die Menschen überall in Röhren unter den Bassins hindurch gehen können. Ein ganzer Raum war wie das Great Barrier Reef vor der Ostküste Australiens gestaltet, mit all den Lebewesen, die es dort gibt, den Korallen und unzähligen kleinen bunten Fischen. Sehr praktisch für Leute wie uns, die nicht tauchen können, so haben wir diese wunderschöne Unterwasserlandschaft auch erfahren dürfen.

Meinen Michi hat es so beeindruckt, dass er heute noch davon zehren kann. In der Schule, im Natur und Technik Unterricht, wurde vor kurzem über Haie gesprochen und er hat erzählt, dass er in Sydney einen echten Hammerhai gesehen hatte. Sein Lehrer war ganz baff, denn so ganz alltäglich ist es denn doch nicht, dass ein Elfjähriger einen Hai sieht und das auch noch in Australien. Michi hat den Hammerhai jedenfalls nicht mehr vergessen und das alles ist ja nun schon sechs Jahre her.

Aus dem Aquarium konnten wir ihn auch nur mit der Aussicht auf eine Rutschbahn wieder hinaus kriegen.

Erwähnenswert ist auf alle Fälle der botanische Garten von Sydney. An jedem Eingang hängt ein Plan, auf dem die Wege, die man mit Rollis befahren kann, besonders gekennzeichnet sind. Und an einer Wiese steht ein Schild mit der ausdrücklichen Einladung sich bitte auf ihr niederzulassen, denn dafür sei sie da. Diesen Zeugen australischer Gelassenheit musste ich fotografieren, das hätte mir daheim wahrscheinlich sonst keiner geglaubt.

Einen Tagesausflug machten wir auch zum Taronga-Zoo von Sydney.

Der liegt auf der anderen Seite der Harbour Bridge und alleine über dieses Bauwerk hinüber zu fahren war schon ein Erlebnis. Netterweise konnte der Taxifahrer die Extraspur für Busse benutzen, sonst wäre es teuer geworden, so viel war da los.

Der Zoo ist auch für Rollifahrer sehr praktisch, denn obwohl er auf einem Hügel angelegt ist, hat er doch oben den Hauptein- und Ausgang, aber unten kann man dann raus. Da muss man den Rolli nicht wieder bergauf bugsieren, was schon sehr anstrengend wäre.

Dort begegneten wir auch zum ersten Mal der einzigartigen australischen Tierwelt, wenn auch nur hinter Gittern, wie es in einem Zoo halt so üblich ist. Und das weckte in uns allen den Wunsch, wenigstens einigen dieser Tiere noch näher zu kommen. Aber wir standen ja erst am Anfang unserer Reise, wer weiß, was da noch geschehen könnte?

Sechs Tage sind viel zu wenig um eine Stadt wie Sydney auch nur annähernd kennen zu lernen und ich war fast ein bisschen hin und hergerissen. Noch ein wenig bleiben, mehr von dieser tollen Stadt erleben, weiterziehen, vielleicht das alles noch toppen?

Aber Flüge bucht man vorher und so trug der Silbervogel uns weiter nach Brisbane.

Gegen die Metropole Sydney ist Brisbane fast ein Städtchen, so richtig schnuckelig.

Und während der Dieter und ich uns ausruhten, erkundeten der Papa und mein nimmermüder Michi die nähere Umgebung unseres Hotels und fanden – ich glaube, Sie ahnen es schon – einen Spielplatz. Aber was für einen!

Der lag nämlich mitten in einem Park entlang des Brisbane River und dieser Park hatte es ganz schön in sich. Die Australier sind echte Freizeit Freaks, das merkt man spätestens, wenn man sich unter sie mischt und auch das süße Nichtstun genießt.

Der Weg zum Spielplatz führte durch ein Stück Regenwald und das ist durchaus erwähnenswert, denn wo sonst auf dieser Welt könnte man schon einen rollitauglichen Regenwald finden?

Nach zwei ausgiebigen Parkbesuchen war Michis Spielbedarf erst einmal gedeckt und wir konnten die nette Innenstadt von Brisbane erkunden. Dabei entdeckte ich auf einem Plakat, dass es in der Nähe der Stadt ein Koala Sanctuary gibt, das ist ein großes Gelände, auf dem Koalas und auch andere einheimische Tiere eine Zuflucht gefunden haben.

Dort fuhren wir hin und das war wirklich ein einmaliges Erlebnis.

Koalas werden gerne als lebendige Plüschbärchen bezeichnet und ich weiß jetzt auch warum. Eine Tierpflegerin, die mit einem solchen Wollknäuel auf dem Arm an uns vorbeiging, blieb stehen und fragte mich, ob wir ihn mal streicheln wollten. Natürlich wollten wir und der kleine Keil hat auch ganz stillgehalten, obwohl er schon ein bisschen ängstlich drein geschaut hat.

So etwas flauschiges Weiches und dabei nicht künstlich, sondern wirklich echt und lebendig, hatte ich noch niemals zuvor mit meinen Händen berührt.

Aber dieser Park hatte noch ganz andere Abenteuer für uns in petto.

Es gab dort natürlich auch Kängurus, die völlig frei herum hüpften und sich für eine Hand voll Kängurufutter auch ausgiebig streicheln ließen. Dieses Futter, so kleine gepresste Körnerkügelchen, konnte man Tütchen weise kaufen, um damit die Kängurus anzulocken. Die ließen sich natürlich nicht sehr lange bitten und der Michi hatte einen Riesenspaß daran, die Viecher zu füttern. Unseren Vorrat hatte ich auf dem Schoß und immer wenn er Nachschub brauchte, kamen er und eines der Kängurus angehüpft, um sich frisch einzudecken.

Ich stand da so auf der Wiese und beobachtete mein Kind,

und plötzlich hatte ich das Gefühl, es beobachtet jemand mich.

Der Michi blieb auf einmal stocksteif stehen und sah mit großen Augen zu mir herüber.

»Nicht erschrecken, Mami!«, rief er. »Da will einer was von dir!«

Ich wandte ganz vorsichtig den Kopf zur Seite und schaute direkt in die Augen eines Emus. Der war offensichtlich scharf auf das Kängurufutter, jedenfalls hatte ich durchaus diesen Eindruck. Ganz langsam nahm ich eine Hand voll aus der Tüte und reichte sie dem Emu hin. Der ließ sich nicht zweimal bitten und pickte die Körner alle schön ordentlich aus meiner Hand heraus. Das war vielleicht ein irres Gefühl, der Emu war nämlich nicht gerade zimperlich beim Picken und haben wollte er die Körner alle. Als er fertig war, schritt er würdevoll von dannen, genauso lautlos wie er wohl gekommen war.

»Das war was, Mami, gell?«

Mein Michi war mindestens genauso aufgeregt wie ich ob dieses Erlebnisses und das können bestimmt nicht sehr viele Menschen von sich sagen, dass ihnen ein Emu aus der Hand gefressen hat. Ich schon!

Ja, und dann war unsere Zeit in Brisbane auch schon wieder vorbei und wir flogen weiter nach Alice Springs.

Diese Stadt liegt in der Mitte Australiens und wieder kamen wir in eine völlig andere Welt. Von der grünen, blühenden Frische der australischen Ostküste in eine Wüste aus rotem

Sand. Es ist wirklich erstaunlich, wie dort eine funktionierende Großstadt entstehen konnte, aber den Australiern traue ich mittlerweile alles zu, da ist so eine Stadt ja echt ein Klacks!

Am Flughafen riefen wir also wieder ein Maxitaxi heran und bevor er uns zu unserem Hotel fuhr, brachte uns der nette Taxifahrer zu einem Hügel, an dem jeden Abend ganz viele Wallabies auftauchten, das ist eine kleine Känguruart, und sich dort von den Menschen füttern und streicheln ließen. Er nahm den Michi an der Hand und führte ihn zu den ganz zahmen Tieren hin, die das Kind sogar anfassen konnte.

Von Alice Springs aus hatten wir einen Ausflug mit zwei Übernachtungen zum Ayers Rock geplant. Auf der Karte daheim war das ja auch nur ein Zentimeter, das hatte gar nicht so weit ausgesehen, aber in echt waren das jetzt über 400 Kilometer. Also wie dorthin kommen?

Ich wieder zum Portier, der hat wahrscheinlich ob meines Gesichtsausdrucks Wunder gedacht was jetzt wohl kaputt sei, ich erklärte ihm unser Problem, wo wir am nächsten Abend eigentlich sein wollten, aber nicht wüssten wie wir da hin kommen sollten. Er lächelte mich an, sagte »no problem« und griff zum Telefonhörer. Ich hörte ihm fasziniert und jetzt ebenfalls lächelnd zu und spätestens in diesem Moment wurde ich endgültig davon überzeugt, dass es in Australien wirklich kein Problem gibt, das sich nicht lösen ließe.

Wir wurden also am nächsten Morgen von einer Ausflugsgesellschaft älterer britischer Damen in ihrem Reisebus mitgenommen, das Ganze für 40 Dollar pro Nase, das Kind natürlich umsonst, und das war wirklich eine ganz besondere Erfahrung.

Als der Busfahrer sah, dass da Rollifahrer mitgenommen werden wollten, stieg er noch einmal schnell in seinen Bus, sagte irgendetwas und schon standen die Damen auf, die auf den vordersten Plätzen saßen und setzten sich ganz nach hinten. Ich hatte fast ein schlechtes Gewissen, weil wir ihnen die besten Plätze weg genommen hatten, aber als wir nach einer Stunde auf einer Kamelfarm an der Straße eine Pause machten, sprach mich eine der Damen beim Aussteigen aus dem Bus an und fragte mich, ob sie mir eine Tasse Tee bringen dürfe, weil ich wohl nicht aussteigen würde. Das war so britisch und so lieb, ich hätte gar nicht Nein sagen können.

Nun aber noch einmal zurück zum Busfahrer, der hieß übrigens Tony.

Wenn es wirklich einmal nötig war mich aus dem Rolli woanders hin umzusetzen, dann hatte das immer der Papa gemacht. Aber keiner von uns konnte so schnell schauen geschweige denn reagieren wie der Tony mich plötzlich hochgehoben und in seinen Bus gesetzt hatte. Wahrscheinlich hatte er gemerkt, dass ich ziemlich verblüfft war, denn er erklärte mir mit einem schelmischen Augenzwinkern, es sei schließlich egal, ob er nun einen Koffer oder so ein junges Ding wie mich in seinen Bus hinein werfe.

Dann stieg er wieder aus, um als nächstes den Dieter zu holen, aber der war vorsichtshalber schon mal aus seinem Rolli aufgestanden, damit ihn nicht womöglich das gleiche Schicksal ereilte wie mich.

Der Tony war's zufrieden, krempelte seine Ärmel wieder herunter und verstaute dafür unsere Rollis schön ordentlich in seinem Gepäckraum.

Wir hatten wirklich unseren Spaß auf dieser Fahrt und als er uns an unserem Hotel im Ayers Rock Resort absetzte, entließ er uns mit den Worten:

»Also dann bis übermorgen und lasst mir den Rock stehen, den brauchen wir noch!«

Das war so seine Art, halt australisch locker. Aber als wir den Felsen dann wirklich sahen, hat es uns fast den Atem genommen.

Dieses Naturschauspiel in der Mitte Australiens, das sich uns in der untergehenden Sonne in vier verschiedenen Rottönen präsentiert hat, kann man eigentlich mit Worten gar nicht beschreiben, man muss es mit den eigenen Augen sehen.

Und jetzt zum Thema »alles geht«:

Im Outback sinkt man im knöcheltiefen roten Sand normalerweise ganz schön ein, doch um den Ayers Rock herum da führt ein mit einem Rollstuhl-Symbol gekennzeichneter Pfad, den wahrscheinlich einmal pro Woche ein paar Aboriginies flach trampeln und mitten im Outback steht dann eine Rolli-Toilette.

Bemerkenswert!

Nur eines, das geht bei mir nicht – auf den Ayers Rock hinauf kraxeln, wovon die Aboriginies abraten, denn der Fels ist für sie ein Heiligtum. Ich finde, das sollte man respektieren.

Oder haben Sie schon einmal von einem Farbigen gehört, der auf den Bamberger Dom hinauf klettert?

Ich nicht und schon deshalb – selbst wenn ich es könnte – ich würde keinen Fuß auf den heiligen Berg der Ureinwohner Australiens setzen.

Das Erlebnis Ayers Rock, dieses ganz besondere Gefühl, das bekommt man auch so ganz kostenlos mit dazu, wenn man dieses einzigartige Naturspektakel sieht, dem selbst der fünfjährige kleine Mensch sich nicht entziehen konnte.

Was uns dort aber fürchterlich gepiesackt hat waren die Myriaden von Moskitos, die über alles Warmblütige herfielen.

Zum Glück hatte sich der Papa auf dem Flughafen von Singapur mit einem sündhaft teuren Parfüm von Armani eingedeckt und damit sprühte er uns jetzt alle paar Minuten ein. Das hielt die Moskitos in Schach, wahrscheinlich sind sie durch die uns umgebende Duftwolke nicht mehr hindurch gekommen.

Der Mann vom Tourist Office grinste auch ziemlich breit, als er uns wieder einsammelte, fand die Idee mit dem Parfüm aber gar nicht schlecht und auf jeden Fall optisch attraktiver als Hüte mit Moskitonetz.

Eigentlich könnte ich hier mit meiner Schilderung von unserer Australienreise enden, denn der Ayers Rock war nun wirklich nicht mehr zu übertreffen. Das heißt aber nicht, dass wir die verbleibenden Tage dort nur noch abgesessen hatten.

Ganz im Gegenteil, wir flogen weiter nach Darwin und begegneten dort noch einmal einer völlig anderen Welt. Das

Northern Territory wird von subtropischen Einflüssen geprägt und bietet eine Vielfalt von Outdoor Activities, die wir weder nutzen konnten noch wollten.

Viel lieber gingen wir es langsam an, was bei dem Klima auch sehr vernünftig war, wir genossen eher die herrliche Vegetation, die wunderschönen und kräftigen Farben der Blumen und Blüten, die es dort gibt.

Der Michi und der Papa planschten in der Südsee herum, der Dieter und ich saßen im Schatten einer Palme und schauten ihnen dabei zu.

Auf einem Abenteuerspielplatz in der Nähe trug der Michi dann auch seinen Teil zur internationalen Völkerverständigung unter Kindern bei. Er bolzte über eine Stunde lang mit einem australischen und einem Aboriginie Kind herum, jedes quakte in seiner eigenen Sprache und alle drei hatten eine Riesengaudi.

Aber alles hat ein Ende und auch Träume hören irgendwann auf, aber die schönsten sind wirklich die, die in Erfüllung gehen.

Ich hatte schon viele schöne Flecken unserer Erde gesehen und die Reiselust lag mir schon immer im Blut, aber diese dreieinhalb Wochen waren der absolute Höhepunkt von allem was ich in dieser Hinsicht bislang unternommen hatte.

Und ich war fast ein bisschen froh darüber, so komisch das klingen mag, dass ich nun schon ziemlich am Ende meiner Kräfte angelangt war, denn dann fiel es einfach leichter zu sagen, okay, gehen wir heim.

Auf dem Rückflug machten wir noch einmal einen diesmal zweitägigen Stop in Singapur, nicht ohne uns von einem voll klimatisierten Wagen aus ein paar seiner Sehenswürdigkeiten anzuschauen.

Und oft, wenn ich von Australien schwärme, höre ich die gleiche Frage.
»Warum ziehst du denn nicht gleich dorthin, wenn es da so schön ist?«
Ist doch ganz einfach, dann hätte ich ja nichts mehr zu tun und das wäre dann total langweilig!

Die Unbillen

Und so sind wir schon bei den Dingen, die einem das rollende Leben manchmal ganz schön schwer machen können.

Aber wozu sind Hindernisse denn da?

Dass man sie überwindet, damit meine ich, dass man entweder darüber rumpelt oder sie aus dem Weg räumt, was mir dank der Arge ja auch schon öfters gelungen ist.

Manche Barrieren habe ich aber ganz alleine bezwungen und gerade Spaß hat das nicht immer gemacht.

Trotzdem, es gibt dem Leben Würze und das ist so ähnlich wie bei der Suppe.

Ohne Salz schmeckt sie fad, aber eine gute Suppe erweckt einen Toten, wenn er noch zappelt, das hat meine Omi immer gesagt.

Physische Barrieren

Für einen Rollstuhlfahrer alleine völlig unuberwindlich sind natürlich erst einmal Treppen.

Öffentliche Gebäude müssen in unserem Land dank des

Gleichstellungsgesetzes nun auch für Rollstuhlfahrer und gehbehinderte Menschen zugänglich sein, aber das ist es ja nicht alleine.

Es genügt schon eine einzige Treppenstufe, um ein Geschäft, in das ich gerne hinein möchte, für mich unerreichbar zu machen.

Deshalb ist eines meiner Lieblingsspiele das Rampenspiel.

Es gibt in unserer Stadt tatsächlich schon ein paar Geschäfte, die von selbst auf die Idee gekommen sind, auch Rollifahrer hinein zu lassen, aber leider immer noch viel zu wenige.

Da muss man manchmal schon selbst Hand bzw. Kopf anlegen.

Wir haben in der Nähe der Fußgängerzone ein Büchergeschäft, in das man seit einiger Zeit über eine Rampe hinein kommt. Und das ist meine Rampe, auf die ich echt stolz bin.

Ich habe mich mit der Geschäftsleitung in Gütersloh in Verbindung gesetzt und dann fast ein halbes Jahr lang mit einem der Herren dort einen regen Briefwechsel geführt.

Die Bereitschaft für den Bau einer Rampe war von Anfang an da, doch zuerst einmal scheiterte das Vorhaben an der Stadt Bamberg.

Es bestünde ja die Möglichkeit, dass in der Dunkelheit ein Betrunkener an der Hauswand entlang torkelt, dann über die Rampe stolpert und sich dabei verletzt.

Doch selbst dieses schwerwiegende Argument war für den Gütersloher kein Hindernis und er schaffte es tatsächlich, das Ja der Stadt zu bekommen.

Die Rampe wird halt jetzt jeden Abend hereingeholt und dann können mögliche Besoffene gefahrlos ihres Weges schwanken.

Mein Mann und ich fahren sehr gerne in dieses Geschäft, aber nicht nur wir. Mütter mit Kinderwägen werden dort gesehen und natürlich tun sich auch die Angestellten viel leichter, wenn sie die schweren Kästen mit den Büchern zur Auslage jeden Morgen einfach heraus rollen können.

Gut, bei einer Stufe wird einem auch oft Hilfe angeboten, die man ruhig annehmen darf. Aber nicht immer gibt es hilfsbereite Mitmenschen, manche Treppen haben viele Stufen und dann hört es schon auf. Dann ist man wieder zweitklassig und steht außen vor bzw. unten davor.

Ich kann und will es niemandem zumuten mich ständig irgendwelche Treppen hoch zu tragen, nur weil ich vielleicht ein Museum oder eine Kunstausstellung besuchen möchte.

Früher, vor meiner Arbeit in der Arge, hätte ich wahrscheinlich klein beigegeben und mit Bedauern gedacht, das geht halt jetzt nicht mehr, aber ich habe festgestellt, dass man sehr viel erreichen kann, wenn man sich wehrt. Und dann noch mit den entsprechenden Mitteln im Rücken, fast unschlagbar!

Vor zwei Jahren rühmte sich Bamberg mit einer Ausstellung von Werken des Künstlers Salvador Dali. Das Event fand statt in der Bamberger Stadtgalerie, eine für behinderte Menschen uneinnehmbare Festung. Auf zwei Etagen und jede Menge Treppen.

Ich persönlich fand es schon beschämend, dass eine Stadt wie Bamberg solch eine Attraktion in Räumlichkeiten legt, die für viele Mitglieder unserer Gesellschaft einfach unerreichbar bleiben. Und natürlich war das auch in der Arge ein Thema.

Von dort bekam ich dann auch den Auftrag, in Form eines Leserbriefs diesen Missstand publik zu machen. Das fiel mir auch gar nicht schwer, ganz im Gegenteil, die Worte drängten förmlich aus mir heraus. Hier sind sie:

Kennen Sie Salvador Dalis erstes genuin surrealistisches Werk »Das finstere Spiel« von 1929? In der unteren rechten Bildhälfte sieht man eine große Treppe. Das Bild ist recht skurril. Eigentlich fühle ich selbst mich gar nicht skurril, auch nicht behindert, bin's aber, denn ich bin Rollstuhlfahrerin. Somit werde ich wohl weiterhin meinen Dali-Bildband studieren müssen, denn die Orginale der Ausstellung in der Stadtgalerie Villa Dessauer werden mir und allen nicht treppensteigenden Kunstliebhabern unserer Stadt verschlossen bleiben. Schade!

Nachdem diese Zeilen in unserer Zeitung erschienen waren, bekam ich aus meinem Bekanntenkreis einige Angebote, dass man mich doch mitnehmen und hoch tragen würde, wenn mich diese Ausstellung so interessiert. Das wollte ich aber nicht und das war auch nicht der Punkt. Ich kann mich nicht über eine Tatsache beschweren und sie im gleichen Atemzug dann einfach ignorieren. Also bin ich schweren Herzens nicht dorthin gegangen, obwohl es mich wirklich gereizt hätte.

Und ich war nicht die einzige Rollifahrerin, die sich beklagt hatte.

Irgendwie ist es bei unseren Stadtvätern eingedrungen, dass eine Weltkulturerbestadt wie die unsere zumindest einen Austragungsort für solch kulturelle Highlights haben muss, der Barriere frei zugänglich ist.

Auch wir vom Städtischen Beirat für Menschen mit Behinderungen klemmen an der Angelegenheit mit dran und in der Zwischenzeit existiert bereits der Plan einer Lösung, wie man das historisch wertvolle Gebäude ohne es zu verschandeln für alle Menschen erreichbar machen kann.

Die Stadt kann an Attraktivität nur gewinnen und mit dieser Meinung stehe ich auch nicht alleine da. Wie heißt es doch so schön, es ist nie zu spät für einen neuen Weg. Selbst wenn dieser für Salvador Dali und mich nicht mehr zur rechten Zeit kommt, wir werden das schon packen, er und ich. Okay, also nur ich, aber schließlich habe ich ja noch meinen Bildband!

Die nächste Schwierigkeit, die einem gesunden Menschen gar nicht als solche erscheint, ist Kopfsteinpflaster.

Wo liegt denn nun da das Problem?

Das ist so, wenn ich mit dem Rolli über Kopfsteinpflaster fahre, dann hopse ich ständig auf und ab und das in so schnellem Tempo, dass ich nicht einmal mehr die Gesichter von den Leuten erkennen kann.

Dann soll sie halt langsam fahren, werden Sie denken.

Aber das nützt auch nichts. Denn dann verkanten sich die

kleinen Räder vorne am Rolli und ich komme überhaupt nicht mehr weiter.

Was noch schlimmer ist als nur ungenau zu sehen ist die Tatsache, dass das Rütteln die Blase irre anregt und ich dann irgendwann eine Toilette brauche.
Und mit behindertengerechten Toiletten ist unsere Stadt nicht gerade gesegnet.
Mit Kopfsteinpflaster schon eher, das ist hysterisch – nein historisch. Entschuldigung!

Ich gehe zum Beispiel fast nur in Geschäfte in der Fußgängerzone, die am Granitstreifen liegen, denn über das Hoppelpflaster rumpele ich nur wenn es unbedingt sein muss.
Aber noch unangenehmer – falls das überhaupt noch geht – ist das kleine Pflaster, das vor allem bei Ausfahrten für Autos auf den Gehsteigen verlegt wird.
Autoausfahrten haben aber den Vorteil, dass bei ihnen der Gehsteig abgesenkt ist.
Wenn ich also irgendwo über die Straße möchte, dann stehe ich vor der Entscheidung, stürze ich mich von der Bordsteinkante hinunter oder rattere ich zur nächsten Absenkung.
Ich rattere lieber.

Und eine leidige Tatsache, die für gesunde Menschen ach so schwer zu verstehen ist, mit der viele Betroffene aber ständig kämpfen müssen, ist die Spastik, die das Gehopse über Kopfsteinpflaster einfach auslöst.
Spastik ist das unwillkürliche Zusammenziehen eines Mus-

kels, welches man nicht bewusst steuern kann. Da steckt so eine Kraft dahinter, man könnte einen gestandenen Mann zum Schwitzen bringen, wenn er sie lösen sollte.

Aber es ist eine sinnlose Kraft, über die ich mich immer wieder ärgere, weil ich sie nicht nutzen kann. Meine Beine sind völlig autonom, zappeln unorthodox in der Gegend herum, verkrampfen sich genau dann, wenn ich es absolut nicht gebrauchen kann, aber laufen kann ich nicht, denn dazu lässt sich die Spastik halt nun mal nicht einsetzen.

Aber rein optisch hat das Ganze auch wieder seinen Vorteil, durch das ständige Arbeiten bauen meine Muskeln nicht ab, meine Beine sehen sehr hübsch aus.

Hat doch auch was!

Und genau das ist ein Punkt, den wir immer wieder zu erklären versuchen.

Es ehrt jeden Menschen, der sich einmal probehalber in einen Rolli setzt, um gewisse Gegebenheiten am eigenen Leib zu erfahren und auszutesten, aber es macht einfach einen gravierenden Unterschied, ob derjenige sich halt wieder ordentlich hinsetzen kann, wenn er verrutscht ist oder eben nicht.

Und von den Schmerzen, die so eine Spastik auslösen kann, will ich gar nicht sprechen.

Das ist ein bisschen wie Muskelkater, eben unangenehm.

So, und nun gleich zum nächsten Problem, Aufzüge.

Das ist aber doch genau das, was der Rollifahrer braucht, einen Aufzug. Der Teufel steckt da aber im Detail.

Was nützt mir eine Kabine, deren Türe zu schmal ist, ich

komme gar nicht hinein. Selbst wenn das ginge, dann ist oft der Innenraum so klein bemessen, dass nicht einmal ein Kinderwagen hinein passt, geschweige denn ich. Und dabei sind mein Rolli und ich noch von recht überschaubarem Ausmaß, als Normgröße würden wir da glatt durchfallen.

In den Aufzug in unserem Haus komme ich nur rückwärts hinein, mit viel Gefühl und einer ausgeklügelten Taktik, wie ich es einmal in der Fahrschule beim rückwärts Einparken gelernt hatte.

Das braucht natürlich auch seine Zeit. Einmal, als ich gerade aus dem Keller hoch kam, klingelte das Telefon und der Hörer hüpfte schon richtig ungeduldig auf und ab. Es war eine Freundin von mir dran und sie fragte mich ganz aufgeregt, wo ich denn gewesen sei, sie hätte es schon so lange läuten lassen.

»Ich war im Keller, das dauert halt, schon wegen dem Aufzug«, antwortete ich noch etwas außer Atem.

»Wo warst du?«, kam da die etwas irritierte Frage von ihr.

Hat sie ja auch recht, was sucht so eine wie ich denn schon im Keller, noch dazu bei dem Aufzug!

Und was lernen wir daraus?

Diese Errungenschaft der modernen Technik wurde nicht etwa deshalb erfunden, um der rollenden Bevölkerung das Leben leichter zu machen. In meinem jugendlichen Leichtsinn war ich früher nämlich genau davon ausgegangen und bin so einfach in jeden Aufzug hineingefahren, der sich mir anbot.

Gewisse Dinge muss ich eben auf die harte Tour lernen, sonst begreife ich sie nicht.

In einem Modetempel für chic & angenehme Klamotten wollte ich im ersten Stock etwas kaufen, dazu musste ich dort hinauf. Nichts leichter als das, die haben einen Aufzug. Eine Mutter mit Kinderwagen kam gerade heraus, ich also hinein, die Türe schloss sich hinter mir und dann kam das böse Erwachen. Die Bedienelemente waren zu hoch für mich, ich konnte sie im Sitzen nicht erreichen. Es dauerte geschlagene zehn Minuten, bis wieder jemand das Gerät brauchte und mich aus meiner misslichen Lage befreite. Zum Glück leide ich nicht an Klaustrophobie, aber ein komisches Gefühl war das schon, so ganz alleine in dem Kasten.

Mittlerweile bin ich schlauer geworden.

Aufzüge sind nicht grundsätzlich für mich gemacht, also vergewissere ich mich zuerst, dass ich nicht die Nacht mit ihm verbringen muss. Dann sind sie durchaus hilfreich und zu dieser Erkenntnis sind bestimmt auch schon viele nicht rollende Menschen gekommen.

Gleich weiter zur nächsten Barriere, Türen.

Die von mir weg aufgehen, kein Problem, einfach sanft dagegen fahren, schon sind sie offen. Aber dann will man halt auch wieder in die andere Richtung und jetzt wird es schwierig. Denn gleichzeitig am Türgriff ziehen und den Rolli nach hinten bewegen ist gar nicht so einfach. Oft sind nette Leute da, welche die Türe gerne aufhalten, aber eben nicht immer. Und dann möchte ich ja auch Selbstständigkeit demonstrieren und so eine Lappalie wie Türe aufmachen alleine zu Wege bringen.

Deshalb liebe ich automatische Türen. Am schönsten sind die mit Sensor, die gehen ganz von alleine auf, man braucht nicht einmal »Sesam öffne dich« zu sagen.

Dabei mache ich das sehr gerne, aber immer ganz leise und das ist bestimmt auch gut so.

Einmal, als ich mit dem Michi zusammen ein Geschäft mit solch einer Türe ansteuerte, fragte er mich, was ich denn da immer murmelte. Ich gestand es ihm, er blickte mich sehr lange und sehr ernst an und sagte dann nur: »Aha!«

An dieser seiner Reaktion ist sehr leicht zu erkennen, was normale Menschen denken, wenn man einfach so aus dem Zusammenhang gerissen Märchen zitiert.

Ich tu es aber trotzdem und als wir den Laden wieder verließen, hörte ich diesmal ihn murmeln.

»Sie hat es wieder gesagt, oh je!«

An zweiter Stelle kommen dann gleich die Türen, die mit einem Schalter aufzumachen sind. Und da kann ich wieder aus meinem eigenen Erfahrungsschatz schöpfen.

Im Laufe der Zeit hatte mein Zustand sich so weit verschlechtert, dass ich nicht mehr alleine aus meinem Bett aufstehen konnte. Wenn ich mich also mittags hingelegt hatte, oder besser, ich wurde hingelegt, und es klingelte plötzlich überraschend an der Haustür, dann konnte dem Bittsteller nur Einlass gewährt werden, wenn einer meiner Männer anwesend war. Das ist auf Dauer einfach kein Zustand, wenn man nie alleine bleiben kann, nicht einmal beim Mittagsschläfchen.

Und die Idee mit der Öffnungsautomatik hatte dann der Dieter.

Er trug seinen Plan einem Elektroingenieur vor, mit dem wir befreundet sind, und der ging dann zu Werke. Wir können jetzt per Telefon über die Sprechanlage hören wer draußen ist, die Haustüre aufdrücken und unsere Wohnungstüre automatisch aufgehen lassen. Und das von jedem beliebigen Punkt in der Wohnung aus. Das ist so was von praktisch und dann noch eine echte Attraktion.

Einer von Michis Freunden, der um Worte nie verlegen ist, sagte mit Augen voller Bewunderung nur noch eines: »Cool!«

Man sollte meinen, der Mensch gewöhnt sich mit der Zeit an alles, aber ich bin jedes Mal begeistert, wenn die Türe sich wie von Zauberhand öffnet und dann auch wieder schließt.

Es funktioniert natürlich auch mit einem Druckschalter neben der Tür, aber so geht es bei vielen anderen Portalen ja auch. Unsere ist da echt besser!

Denn schließlich unterscheiden wir uns ganz schön von anderen Familien, da darf unsere Türe das schon auch. Mal ganz abgesehen davon, dass diese Einrichtung absolut notwendig war, um meinem Mann und mir ein gewisses Stück Selbstständigkeit zu erhalten bzw. wieder zurück zu geben.

Ich weiß, ich bin schon eine echt schwierige Kundin.

Ich brauche Geschäfte, die ebenerdig ohne Kopfsteinpflaster zu erreichen sind, automatische Türen haben und Aufzüge, die meinen Ansprüchen genügen.

Aber die gibt es tatsächlich, man muss sie nur kennen.

Und das lernt man mit der Zeit und am besten durch Versuch und Irrtum.

Und warum bin ich denn auch so grässlich autonom und möchte ständig alleine zum Einkaufen gehen?

Schließlich gibt es doch genug Leute, die mich dauernd herum schieben wollen.

Und genau das bringt mich dann auch schon zum nächsten Thema.

Barrieren in den Köpfen

Je älter der Mensch wird, desto höher können die Mauern werden, die er in seinem Kopf hochzieht.

Bei Kindern bin ich noch nie irgendwelchen Berührungsängsten mit meiner Behinderung begegnet. Im Gegenteil, manchmal kommt es mir vor, als ziehe der Rolli sie magisch an. Vielleicht, weil Otto so schön bunt ist, vielleicht auch, weil ich auf gleicher Höhe mit den kleinen Menschen bin. Sie müssen sich nicht den Hals verrenken, wenn sie mich anschauen oder sich mit mir unterhalten möchten.

Ganz anders ist das oft bei Leuten, mit denen ich – oder besser, die mit mir – zu tun haben. Da ist mir schon ein paar Mal etwas Merkwürdiges passiert.

Ich bin also mit einer Freundin oder meiner Schwester in

der Stadt beim Bummeln, wir gehen in ein Geschäft und ich frage eine Verkäuferin etwas. Die Antwort bekommt diejenige, die mich schiebt.

Meine Schwester hat dann einmal einfach wortlos mit dem Finger nach vorne auf mich gedeutet und die Dame hat einen roten Kopf bekommen. Wahrscheinlich war es ihr peinlich, dass da eine, die nicht sprechen kann mit einer, die nicht laufen kann unterwegs ist. Das Ganze war an Komik nur schwer zu überbieten, wir haben aber mit dem Lachen gewartet, bis wir aus dem Geschäft wieder draußen waren.

Die Dame mit dem roten Kopf hätte es ohnehin nicht verstanden.

Solche Dinge passieren des Öfteren, sie bereiten mir aber keine Kopfschmerzen.

Vielleicht liegt es daran, dass die Leute einfach mehr mit uns behinderten Menschen konfrontiert werden müssen.

Und das wiederum liegt dann an uns, wir müssen halt öfters aus den Löchern, in die wir uns vergraben heraus kommen und den Menschen zeigen, wie normal wir doch eigentlich sind.

Sehr eindrucksvoll war dieses bei einer Veranstaltung, die im vorletzten Sommer von der Stadt Bamberg zusammen mit der Arge ausgetragen wurde. Wir hatten in der Fußgängerzone die Roadshow »Behindert – na und«, passend zu diesem Thema gab es unseren Infostand, an dem wir jede Menge Broschüren und Materialien zum Mitnehmen ausliegen haben. Eine junge Frau interessierte sich für die Buttons von der Aktion Mensch und fragte mich, was denn das eigentlich für eine Organisation sei. An ihrem Akzent hatte ich sie als Britin erkannt und wir setzten unser Gespräch in Englisch fort. Als sie weitergegangen war, rollte einer meiner Kollegen zu mir herüber und fragte etwas postpupertär:

»Christine, warum bist du denn so gescheit, du bist doch blond?«

Ich antwortete ihm, dass meine Haare doch gefärbt seien.

»Was, du färbst?« kam da die erstaunte Frage einer meiner Mitstreiterinnen. »Wie sind deine Haare denn sonst?«

»Na ja, halt so blöd blond!«

Dieses unfreiwillige Wortspiel, das ich wirklich nicht beabsichtigt hatte, wurde mit schallendem Gelächter aus unseren Reihen quittiert und dann konnten wir förmlich die befremdlichen Blicke einiger Leute auf uns spüren, denen man echt ansah, was sie dachten.

Die können lachen?!?

Doch, doch, wir können das, wir beißen nicht und ansteckend sind wir auch nicht.

Es gibt schon sehr viele Leute, die ihre Berührungsängste überwinden oder gar keine haben und die dann merken, die sind ja überhaupt nicht so anders.

Und eigentlich ist es fast beschämend, dass wir förmliche Gesetze brauchen, um den Status von Randgruppen sicher zu stellen, zu denen wir Menschen mit Behinderungen nun einmal gehören.

Mir drängen sich da schon wieder ein paar Wortspiele auf, dieses Mal aber keine lustigen.

Das Gesetz, das unsere Rechte sichert, heißt Gleichstellungsgesetz und soll dabei helfen, uns auf dem gleichen Stand wie nicht behinderte Menschen zu sehen. Also zwingt es die Leute Abstand von ihrer Gleichgültigkeit zu nehmen. Schon allein das Wort »gleichgültig« birgt einen Widerspruch in sich. Denn gültig kommt von gelten, da hieße es doch besser »gleich gelten«.

Und dann wäre es ganz selbstverständlich, dass die, die sehen können auch zu uns hin schauen. Wer hören kann muss lernen zuzuhören und einer der gehen kann, darf nicht weglaufen vor uns Menschen mit Behinderung.

Ich bin da oft hin und hergerissen zwischen dem Wunsch, alles möge doch ganz einfach sein und der Realität, mit der ich ständig konfrontiert werde.

Aber das Leben besteht nun einmal aus Gegensätzen, man kann eigentlich nur versuchen ihre Spitzen ein bisschen runder zu machen.

Andere Dinge, die sich manche Menschen erlauben, gehen mir dann schon an die Nieren. Und am meisten weh tut es, wenn sich einer nicht traut, mir ins Gesicht zu sagen, was ihn stört und ich dann hinten herum die Bretter an den Kopf geknallt kriege.

Gegen offene Konfrontation kann man sich wehren, aber gegen unterschwellige Aggressionen ist man oft machtlos.

Ich habe jedoch im Laufe der Zeit gelernt, mich auf die Hinterräder zu stellen und mir einige Dinge nicht mehr einfach gefallen zu lassen, besonders, wenn es nicht direkt gegen mich persönlich, sondern gegen meinen Mann geht.

Vor drei Jahren bekam ich einen Schrieb von der Verwaltung meiner Wohnanlage, in dem ich aufgefordert wurde, den Elektro-Rolli meines Mannes, der im Keller unter der Treppe steht, zu entfernen.

Eine Mitbewohnerin im Haus, eine die sich ständig in Sachen einmischt, die sie überhaupt nichts angehen, habe sich beschwert, weil der Rolli im Treppenhaus auf Allgemeineigentum stünde, wo er nichts verloren hat.

Von der Sache her ist das richtig. Der Zwickel unter der Kellertreppe gehört tatsächlich der Wohnungseigentümergemeinschaft, zu der ich zwar gehöre, aber ich bin nur ein 44tel davon.

Also, was nun?

Nach einem persönlichen Gespräch mit dem Verwalter waren wir auch nicht weiter, er zuckte nur mit den Schultern und bekräftigte das Urteil – der Rolli muss weg!

Dann stellte ich einen Antrag bei der nächsten Wohnungseigentümerversammlung, um über die ganze Sache zu reden und zu erklären, warum der Rolli meines Mannes just an dieser Stelle stehen muss und nicht woanders stehen kann.

77 qm Wohnfläche reichen gerade aus bei drei Leuten, von denen zwei auch noch behindert sind und deshalb schon ein bisschen Platz brauchen, um in ihrer Wohnung unbeschadet herum rollen zu können. Das war nämlich der Vorschlag eines Mannes, wir sollten halt den Elektro-Rolli einfach ins Wohnzimmer stellen.

Auch die Idee, ihn doch in unserem Keller zu halten, musste ich leider ablehnen.

Unseres ist dummerweise das hinterste Kellerabteil und der Weg dorthin mag für einen gesunden Menschen ein Klacks sein, für meinen Mann, die er sich jeden Schritt wohl überlegen muss, ist es eine halbe Wanderung.

Langer Rede kurzer Sinn, drei Wohnungseigentümer stimmten dafür, dass das Corpus delicti stehenbleiben könne, fünf waren dagegen und der Rest enthielt sich der Stimme. Also – Antrag abgelehnt, der Rolli muss immer noch weg!

Aber irgendwie hat das Ganze meine Kampfeslust erst so richtig geweckt.

Früher, bevor ich meinen Mann kannte, hätte ich wahrscheinlich einen Schub bekommen und die nächste Zeit im Krankenhaus mit Kortison verbracht, aber dieses Mal war alles ganz anders.

Ich besorgte mir also einen Rechtsanwalt und reichte einen Widerspruch gegen den Beschluss der Wohnungseigentümergemeinschaft beim Amtsgericht Bamberg ein.

Wir erreichten zunächst eine einstweilige Verfügung, dass der Rolli bis zum endgültigen Urteil an Ort und Stelle stehen bleiben dürfe.

Ich wäre zu gerne vor Gericht gezogen, einfach auch um zu sehen, wie weit wir in diesem unserem Lande mit der Barriere Freiheit sind.

Aber zu meinem Bedauern – okay, das Ergebnis war auch so befriedigend – entschloss sich der Richter bei einem Termin vor Ort zu einem Vergleich, mit dem sich beide Parteien, also der Verwalter als Vertreter der Wohnungseigentümergemeinschaft und ich, einverstanden erklärten.

Der Richter schritt den Weg im Keller ab, warf einen Blick in unsere Wohnung und schlug dann den Vergleich vor.

Der Rolli darf stehen bleiben, er muss aber immer schön ordentlich genau unter der Treppe sein und darf niemandem im Weg stehen, damit er kein Sicherheitsrisiko darstellen kann.

Das Ganze hat mich einen schlappen Tausender gekostet, weil mein Rechtsschutz dafür natürlich nicht zuständig ist, aber das war es mir absolut wert.

Denn die schöne Nachbarin, die das alles angeleiert hatte, sieht jedesmal wenn sie im Keller aus dem Aufzug steigt, und das muss sie oft, weil sie nur so zu ihrem Auto in der Tiefgarage kommt, den Rolli meines Mannes an seinem Platz stehen und dann kann sie sich gerne ärgern.

Und manchmal kommt es mir fast so vor, als würde der Rolli ein bisschen grinsen. Bestimmt ist sie da gerade an ihm vorbeigegangen!

Das mit den Barrieren in den Köpfen einiger Menschen hat mich selbst eigentlich nur stärker gemacht. Und anscheinend war das auch dringend nötig, denn nur mit leben und leben lassen kommt man halt einfach nicht sehr weit.

Muss ich denn immer nur kämpfen?

Ich bin eigentlich schon immer lieber den Weg des geringsten Widerstandes gegangen. Ein Leben nach dem ökonomischen Prinzip, möglichst viel erreichen bei geringst möglichem Aufwand, hatte mir schon immer ganz gut gelegen. Und Kämpfen und Streiten waren noch nie mein Ding gewesen.

Ich musste so vieles lernen, aber auch ein so Harmonie bedürftiges Wesen wie ich begreift eines Tages, dass man für gewisse Dinge einfach fighten muss.

Da ist zum Beispiel unsere Wohnung.

Wenn man sich so in den Straßen umsieht, dann kann man nicht umhin zu bemerken, dass in die meisten Häuser hinein mindestens eine, meistens aber gleich mehrere Treppenstufen zu bewältigen sind. Nicht so bei unserem, da geht es ebenerdig hinein. Was aber nicht heißen soll, die Wohnung wäre automatisch Barriere frei. Behindertengerecht ja, das bekam ich schwarz auf weiß von der Verwaltung bescheinigt, ich kann es sogar steuerlich geltend machen. Das heißt aber nicht automatisch, dass die Begebenheiten auch den Bedürfnissen behinderter Menschen entsprechen. Und Din-genormte Nachbarn gibt es ja schon gleich gar nicht.

Also muss man selbst zusehen, dass man die Bude nach und nach so hinbekommt wie man es braucht, damit es den eigenen persönlichen Ansprüchen genügt.

Hat man dann auch noch jede Menge Geld übrig, ist das überhaupt kein Problem.

Es geht aber auch anders, man braucht halt starke Nerven.

Die automatische Wohnungstüre war unser erstes Projekt und wir nahmen da natürlich auch die Pflegekasse in die Pflicht, die für eine Wohnungsumbaumaßnahme einen Zuschuss von 2500 € pro eingestufter Person gewährt. Weil uns beiden, meinem Mann und mir, diese Summe zusteht, war das Budget für die Türgeschichte vorgegeben und unser Elektrofachfreund konnte sich daran orientieren.

Im Laufe der Zeit nahmen unsere Handicaps zu und damit änderten sich auch die Anforderungen an unser Domizil.

In den Garten hinaus zu rollen war eigentlich immer ganz leicht gewesen, solange ich genügend Kraft in den Armen hatte, um den Rolli anzukippen, damit ich ihn über den Stöckel manövrieren konnte, der den Abschluss der Terrassentüre zum Wohnzimmer bildete. Es waren nur fünf Zentimeter, die aber irgendwann für mich zu einem unüberwindlichen Hindernis geworden waren. Was mich aber immer noch nicht auf die Idee gebracht hatte, daran etwas zu ändern.

Es musste erst beinahe ein mittleres Unglück passieren, bevor ich anfing über die Entspannung dieser Situation nachzudenken. Und das war so.

Beim Dieter ist durch die MS die rechte Körperseite betroffen, er zieht also beim Gehen das rechte Bein immer ein bisschen nach. Selbst mit einer Peronäusschiene, welche die rechte Fußhebemuskulatur unterstützen soll, schafft er es nicht das Bein einfach anzuheben, um zum Beispiel eine Treppenstufe zu erklimmen.

Jetzt wollte er im letzten Sommer doch tatsächlich einmal auf die Terrasse hinaus, blieb dabei am Stöckel hängen und wäre beinahe volle Kanne auf die Nase gefallen, wenn er sich nicht gerade noch gefangen hätte. Das hätte böse ins Auge gehen können!

Also mussten wir da was ändern.

In Bamberg gibt es eine kleine Firma, die sich auf den Umbau von Fenstern und Türen spezialisiert hat. Dort rief ich an, schilderte mein Problem und dann kam der Meister selbst, um sich vor Ort ein Bild von der Sache zu machen. Ganz einfach sei das nicht, denn es müsse ja dennoch ein luftdichter Abschluss der Türe gewährleistet sein, damit es nicht zieht, so meinte er. Aber er wolle sich schlau machen und mich dann wieder kontaktieren. Das ging sehr flott und schon bald präsentierte er mir eine Lösung, wie wir ebenerdig und ohne Hindernis auf unsere Terrasse gelangen konnten. Dazu musste das komplette Türelement ausgetauscht werden, also durchaus ein ziemlicher Aufwand.

Ich wieder mit dem Kostenvoranschlag zur Pflegekasse und dann kam der Hammer:

Die Kostenübernahme einer neuerlichen Wohnungsumbaumaßnahme wurde abgelehnt, weil ich, wie im letzten medizinischen Gutachten bestätigt, schon seit 1997 zum Umsetzen in den Elektrorollstuhl Hilfe bräuchte, wenn ich die Wohnung verlassen wollte.

Wie bitte?!?

Da einen schlüssigen Zusammenhang zu finden, war nicht nur mir schwer gefallen, es konnte eigentlich niemand so richtig begreifen, dem ich den Schrieb zeigte.

Also legte ich einen Widerspruch ein und hielt dagegen, dass der Weg über die Terrasse im Brandfall meine einzige Fluchtmöglichkeit sei und ich mitnichten etwa irgendwohin umgesetzt werden müsste um die Wohnung schnellstens zu verlassen, sondern einfach nur in der Lage sein muss aus dem brennenden Gefängnis zu entkommen.

Unterstützt habe ich das Ganze noch mit einem Auszug aus einem Urteil des Bundessozialgerichts, der folgendermaßen lautet:

BSG-Urteil vom 03.11.1999, B 3 P 6/99 R ... Die Gewährung eines zweiten Zuschusses kommt danach also erst in Betracht, wenn sich die Pflegesituation objektiv ändert (zB Hinzutreten einer weiteren Behinderung oder altersbedingte Ausweitung des Pflegebedarfs eines Behinderten) und dadurch im Laufe der Zeit Schritte zur Verbesserung des individuellen Wohnumfeldes erforderlich werden, die bei der Durchführung der ersten Umbaumaßnahme (bzw der Beantragung des ersten Zuschusses) noch nicht notwendig waren.

Manchmal drängt sich einem der Gedanke förmlich auf, dass die Sachbearbeiter der Krankenkassen eine Art Abschussprämie bekommen, wenn sie Anträge ablehnen. Denn man nimmt ja auch nicht bei jedem Bittsteller automatisch an, dass er Gesetzestexte wälzt und Urteile zitiert. Zum guten Glück habe ich oft die richtigen Leute an der Hand und stehe dann nicht allein im Regen. Meine Arge-Vorsitzende ist Juristin und selbst MS betroffen, eine unschlagbare Kombination.

Vier Tage später hatte ich die Genehmigung in Händen und der Umbau konnte vonstatten gehen.
Und bei der Kasse blinkt beim Namen Collins-Gerlach wahrscheinlich ein rotes Licht auf und der Zusatz: Kennt Sozialgesetzbuch!

Jetzt genieße ich es einfach die Türe aufzumachen und hinaus zu rollen wann immer mir der Sinn danach steht. Der Dieter tut sich beim Hinausgehen ganz leicht und selbst vor einem Wohnungsbrand – Gott behüte – habe ich keine Angst mehr.
Aber ohne Kampf wäre es wohl nicht gegangen.

Um gleich bei der Wohnung zu bleiben, da stand dann bald schon wieder etwas an, das Badezimmer.
Wir hatten einen Badewannendrehsitz, der oben auf dem Rand der Wanne auflag. Wenn man einmal auf dem drauf saß, dann konnte man auch schön duschen. Aber bis man halt so weit war, bei mir war das jedes Mal ein Vabanquespiel, selbst mit Hilfe. Die einzige Möglichkeit daran etwas zu ändern, Badewanne weg, unterfahrbare Dusche her. Gesehen hatte ich das schon öfters, zum Beispiel in Kliniken.
Also, gleiche Verfahrensweise, Installations- und Fliesenlegermeister vor Ort, Kostenvoranschlag, Einreichen bei der Pflegekasse. Ich war voll auf Krieg und schwere Geschütze eingestellt, da kam ein Schreiben des Medizinischen Dienstes der Krankenkasse mit einem Terminvorschlag für den Besuch

einer Mitarbeiterin, die ein Gutachten von uns beiden erstellen wollte, damit man bei der Kasse einen Eindruck gewinnen könne, inwieweit diese neuerliche Umbaumaßnahme unsere persönliche Lebenssituation erleichtern würde.

Konnte es denn wirklich sein, dass ich einmal nicht würde kämpfen müssen?

Die Dame kam also, sie war zu meinem Erstaunen sehr einfühlsam und kooperativ und schon bald bekamen wir die schriftliche Zusage der Kasse für den vollen Zuschuss zur Wohnfeldumbaumaßnahme.

Es geht also doch, man darf nur nicht gleich aufgeben und den Kopf in den Sand stecken!

Jetzt mussten also nur noch wir alle aus dem Weg geräumt werden, nicht nur die Badewanne, denn so ein Umbau braucht Zeit und Platz und macht viel Dreck. Bei all dem hätten wir nur gestört. Also kam der Kater in die Katzenpension, das Kind zum Opa und der Dieter und ich zu einem dreiwöchigen Kuraufenthalt, was für uns beide schon mehr als überfällig war.

Wir gingen also fort, ich verabschiedete mich von der Badewanne und als wir nach drei Wochen zurück kamen, hatten wir eine völlig Barriere freie Nasszelle.

Natürlich kann man nicht einfach selbstverständlich davon ausgehen, dass ein Umbau in dieser Größenordnung mal eben so vonstatten gehen kann. Noch dazu wenn man selbst nicht da ist, um das Ganze zu überwachen. Nun kannte ich die beiden Handwerksbetriebe aber schon, der Papa hatte in seinem Haus immer nur die besten Erfahrungen mit ihnen gemacht. Und die beiden Meister versprachen mir in die Hand, dass wir uns ganz auf sie verlassen konnten.

Die Arbeiter hatten sogar mit Fotografien dokumentiert, wie wüst es zeitweise in unserem Bad ausgesehen hat. Der ganze Boden musste raus, damit isoliert, zum Abfluss hin leicht abgeschrägt und ein rutschfester neuer Fliesenbelag verlegt werden konnte. Als ich diese Bilder sah, war ich sehr froh, dass ich das nicht hautnah miterlebt hatte.

Und das Versprochene wurde gehalten. Bis wir nach Hause kamen, war alles picobello fertig. Unser Hausarzt, dem wir unsere neueste Errungenschaft ganz stolz präsentierten, meinte mit einem Zwinkern in den Augen:

»Ach, ihr wollt gemeinsam duschen, so ist das!«

Echt nicht schlecht, die Idee, das könnten wir doch glatt mal machen!

Aber Spaß beiseite, der Umbau des Bades erleichtert unser Leben ungemein. Denn was für einen gesunden Menschen selbstverständlich ist, einfach mal schnell unter die Dusche hüpfen, das können wir jetzt auch. Wir hüpfen zwar ein bisschen langsamer und nicht ganz so hoch, aber immerhin.

Und die bei der Pflegekasse werden sich bestimmt irgendwann fragen, ob es mich überhaupt noch gibt, wenn ich gar nichts mehr von ihnen will, weil ich die Wohnung jetzt wirklich so habe, wie wir es brauchen.

Dann sollte man doch meinen, jetzt wären alle meine Kriegsschauplätze befriedet und ich könnte die Waffenruhe genießen. Weit gefehlt!

Da kam nämlich plötzlich so ein ganz subtiler Querschläger von links unten, die Gesundheitsreform.

Ich habe auch keinerlei Verständnisprobleme damit, es konnte auf Dauer nicht so weiter geschludert werden wie in den vergangenen Jahrzehnten, aber warum es dann wieder die ganz schwachen, nämlich die chronisch kranken Menschen sind, auf deren Schultern eine der Hauptlasten liegt, daran mangelt es nicht nur mir an Verständnis.

Los ging es damit, dass wir plötzlich die Verordnungen für Krankengymnastik – eine absolut unverzichtbare Therapiemaßnahme – nicht mehr von unserem Hausarzt bekamen, sondern nur noch vom Facharzt, in unserem Falle also der Neurologe. Und das ging jetzt natürlich auch nicht mehr einfach telefonisch, damit meine ich, ich rief an und sagte Bescheid, wenn ich wieder ein Rezept brauchte. Nein, jetzt müssen wir uns einmal im Quartal beim Arzt vorstellen, damit er sehen kann, ob wir nicht vielleicht plötzlich gesund geworden sind. War es wieder nichts, dann kriegen wir unsere Krankengymnastik. Das klingt jetzt eigentlich relativ unkompliziert, den Ganzen ging aber ein ganz schön heftiger Kampf voraus und nicht jeder bedürftige Mensch hat die Kraft und den Elan, solch ein Gefecht auch durchzustehen.

Ich wendete mich also zuerst einmal an meinen Dachverband, die Deutsche Multiple Sklerose Gesellschaft, um überhaupt einen Einblick in die rechtlichen Hintergründe dieser Neuregelungen zu erhalten.

Ich war offenbar nicht die Einzige, die das wollte, denn die grundlegenden Informationen zu diesem Thema hielt ich schon sehr bald in Händen. Den kompletten Wortlaut erspare ich Ihnen jetzt, Sie werden mir dankbar sein, denn großartig weiter gebracht hat es mich auch nicht. Vor allem nicht meinen Arzt, der spätestens bei dem Wort Regress aufgehört hatte zu lesen und der jetzt am liebsten überhaupt nichts mehr aufgeschrieben hätte.

Aber nicht mit mir!

Also wieder die Anfrage bei der DMSG, dieses Mal nicht schriftlich, sondern persönlich bei der in meinem Regierungsbezirk Oberfranken für mich zuständigen Sachbearbeiterin Frau Moritz. Und das Ergebnis ihrer Arbeit war nun wirklich brauchbar.

Verordnung von Krankengymnastik: Seit Inkrafttreten der Heilmittel-Richtlinien zum 01.07.01 sind die Ausgaben für Heilmittel eklatant (im Bundesdurchschnitt 14%; in Bayern sogar 25%) angestiegen. Die Krankenkassen haben deswegen bereits zahlreiche Prüfanträge mit massiven Regressforderungen gestellt. Deshalb wurden diese Richtlinien überarbeitet und zum 01.07.04 in neuer Fassung verabschiedet.

<u>Was ändert sich für Sie und was ist für Sie wichtig?</u>
Gesetzliche Grundlage?
Laut § 32 Abs. 1 SGB V haben Versicherte Anspruch auf Heilmittel. Welches Heilmittel bei welcher Krankheit ein-

gesetzt werden muss, ist im Gesetz nicht festgelegt und wird durch einen Bundesausschuss mit Vertretern der Kassenärztlichen Bundesvereinigung und den Krankenversicherern bestimmt, d.h. Ärzte und Kassen legen die Heilmittel-Richtlinien und den beinhalteten Heilmittel-Katalog fest. Es gibt aber keine bundeseinheitliche Regelung, da auf Länderebene Extraverordnungen getroffen werden können.

Wer?
I.d.R. verordnet der Hausarzt Heilmittel; aber auch der behandelnde Facharzt (Neurologe/Orthopäde) kann verordnen.

Wie?
Der ausstellende Arzt hat nach pflichtgemäßem Ermessen und unter Berücksichtigung der Wirtschaftlichkeit über eine Verordnung von Heilmittel zu entscheiden. Dabei muss er die medizinische Indikation (Reichen Eigenübungen aus oder ist eine med. Notwendigkeit gegeben?) berücksichtigen, das richtige Heilmittel auswählen (Physiotherapie und/oder Ergotherapie) auswählen und die angemessene Verordnungsmenge festlegen.

Wie viel?
Jetzt wird's kompliziert!
Der Regelfall schreibt je 6 Einheiten in der Physiotherapie und je 10 Einheiten in der Sprach- und Ergotherapie sowie höchstens 2 verschiedene Heilmittel je Erst- bzw. Folgeverordnung vor. Im Regelfall ist nach Erreichen einer Gesamtverordnungsmenge keine Verordnung mehr möglich. Erst nach

einer Therapiepause von 12 Wochen kann der behandelnde Arzt nach obigen Grundlagen erneut Heilmittel verordnen.

Nach Erreichen der Gesamtverordnungsmenge des Regelfalls kann nur in begründeten Einzelfällen eine Verordnung <u>außerhalb des Regelfalles</u> ausgestellt werden. Auf dem Verordnungsblatt muss der Arzt nach einer weiterführenden Diagnostik den Bedarf des Patienten, die Fähigkeit des Patienten, die Prognose für die Beschwerden und das Therapieziel feststellen und dokumentieren. Zusätzlich muss alle 12 Wochen mind. eine ärztliche Untersuchung erfolgen. Ansonsten hat er Regressanträge der Krankenkassen zu befürchten. Das heißt, »Langfristverordnungen« (VORSICHT! Der Terminus »Langzeitverordnung wird in den Hilfsmittel-Richtlinien wie bisher bekannt nicht mehr verwendet!) sind möglich, wenn med. Voraussetzungen gegeben sind. Dies ist bei <u>MS-bedingter Symptomatik</u> der Fall, d.h. aber auch dass allein die Erkrankung an MS nicht zu »Langfristverordnungen« führt!

MS-Patienten mit bestimmten med. Voraussetzungen (sog. Leitsymptomatik) können je Erst- bzw. je Folgeverordnung bis zu 10 Einheiten verordnet bekommen. Die Gesamtverordnungsmenge <u>im Regelfall für MS-Patienten mit be -stimmter Leitsymptomatik</u> beträgt 30 Einheiten. <u>Außerhalb des Regelfalles</u> richtet sich die Verordnungsmenge nach obig geschilderten Gesichtspunkten.

Ausgerüstet mit diesen Informationen rückte ich also wieder beim Neurologen an und jetzt bekamen wir die für uns so notwendigen Verordnungen von Krankengymnastik.

Es kann nicht angehen, das die Diskrepanz an Informationen, die an die Ärzte und die Therapeuten herausgingen auf dem Rücken des schwächsten Gliedes in der Kette ausgetragen wird, dem kranken Menschen.

Man stelle sich vor, da hat ein Patient nach einem Schlaganfall unter Mühen gelernt wieder selbstständig zu essen und sich alleine im Bett einmal umzudrehen und dann soll er für drei Monate mit der Therapie pausieren? Wieder von vorne beginnen, wieder völlig hilflos sein, was das für einen Menschen bedeuten muss, ist unschwer zu erahnen.

Gut, das war jetzt ein sehr drastisches Beispiel, aber von der Sache her sind meine Gedanken schon richtig.

Ich mag mir nicht ausdenken müssen wo ich stünde, wenn ich meine Krankengymnastik nicht hätte. Und bestimmt sieht das der Doc genauso, denn Turnen dürfen wir jetzt wieder.

Und wenn ich die politische Entwicklung der letzten Zeit so betrachte, dann wird mir manchmal schon ein bisschen mulmig. Denn wo der Weg auch hinführt, zu einer Bürgerversicherung oder zu einer solidarischen Gesundheitsprämie, die Messe wird neu gelesen werden. Und auf der Strecke bleiben darf keiner, am allerwenigsten ich selbst.

Also rucke ich mich schon mal zurecht und stärke meinen Rücken, denn zu kämpfen wird es sicherlich immer etwas geben. Und MS steht doch auch für »mach's selbst«, oder etwa nicht?

Zu guter Letzt

Sie sehen also, liebe Leser, so schlimm ist das gar nicht, behindert und auf den Rollstuhl angewiesen zu sein.
Was ich in den letzten Jahren erleben durfte, hätte ich ohne meinen jetzigen Zustand so nicht bekommen.
Mein Kind wäre nicht so wie es ist, meinen Mann hätte ich überhaupt nicht, die Arge würde ich wahrscheinlich nicht einmal kennen und nach Australien zu reisen, davon könnte ich wohl noch immer träumen.
Und selbst der Unsicherheit mancher Menschen, die mir begegnen oder den Problemen, die sich gerade wegen meiner Behinderung vor mir auftürmen, kann ich immer noch eine kleine positive Note abgewinnen.
Deshalb stimmt auch das Verhältnis zwischen Billen und Unbillen, wie es sich in diesem Buch darstellt. Die guten Dinge wiegen so viel mehr und das nicht nur, weil der Mensch in seiner Erinnerung immer nur die positiven Seiten sicht.

Es liegt sicherlich auch daran, dass ich lange genug Zeit hatte, in meine Krankheit und meine Behinderung hinein zu wachsen. Wenn man es nach 22 Jahren MS noch nicht kann, dann wird man es wohl gar nicht mehr lernen.

Ganz außerdem gehöre ich ja auch zu den Sanguinikern unter den verschiedenen Menschentypen, das sind die Stehaufmännchen, die sich immer wieder aufrappeln, egal wie oft und wohin sie auch fallen.

Und eine positive Note können die auch jederzeit und an nahezu allem finden.

Vor kurzem hat mich der Michi gefragt, was eigentlich die drei Gewalten im Staat sind.

»Ich erkläre dir das am besten an unserer Familie«, sagte ich. »Ich bin die Legislative, die Gesetzgebung, also die, die sagt wo's lang geht. Der Dieter und du, ihr seid die Exekutiven, die ausführenden Kräfte, die immer das machen was ich sage.«

»Aber das sind erst zwei, da fehlt doch noch eine«, meinte er.

»Ja genau, die Judikative, die Rechtsprechung.«

»Die könnte ja dann ich machen, damit jeder von uns eines hat«, strahlte er mich an.

So, jetzt auf die Schnelle das Richtige sagen, um mir nicht die Butter von meinem weiblichen Machtbrot nehmen zu lassen.

»Nein, nein, hier bei uns sind die Gewalten nach X-Chromosomen verteilt. Und schließlich habe ich davon zwei und ihr nur eines.«

Damit war mein kleiner Y-Chromosomträger kurz sprachlos und meine Position in unserem Ministaat bekräftigt.

Ich höre auch immer wieder mal den Spruch »wenn ich im Rollstuhl säße, ich würde mir die Kugel geben« und das ist auch einer der Hauptgründe, warum ich diese Zeilen schreibe.

Jedes Leben ist lebenswert, und am allermeisten mein rollendes. Denn, um es mit dem Slogan der Aktion Mensch zu sagen, ich lebe der Unterschied!

Man muss als behinderter Mensch viele Dinge neu lernen, und manche packe ich wahrscheinlich nie.

Man muss viel Geduld haben, am meisten mit sich selbst, und damit kämpfe ich Tag für Tag.

Man muss den Mut haben, sich den Herausforderungen, die einem das Leben an den Kopf wirft zu stellen, und das kann ich schon ganz gut.

Aber alles das, was ich erfahren habe, was ich geschenkt bekommen und was ich auch selbst erreicht habe, kann mir niemand mehr nehmen.

Mein Leben wäre niemals so einzigartig schön geworden wie es war und wie es ist.

Manchmal ein bisschen holprig, aber da muss man durch.

Und die Frösche, die lasse ich gerne hüpfen, denn für mich da geht wirklich alles.

+ + +